# ロック文化が西洋を滅ぼす

## 脳科学から見た文明論

北原 惇
*Jun Kitahara*

花伝社

ロック文化が西洋を滅ぼす——脳科学から見た文明論◆目次

まえがき　7

第一章　人間は動物である　9

環境操作の進化／10　操作動機／12　文化とは何か？／13　人間が生きてゆくこととは？／14　技術は両刃の刃／16　人間の多様性／18　多様性の問題点と技術を制御する必要性／19

第二章　行動を制御するメカニズムの進化　23

「三層の脳」の理論／24　三層の脳があるための問題点／28　人間であるために発生する問題／30　三層の脳と操作動機／32　新皮質による操作動機の支配が不可能になる場合／34　進歩と退行の理論／36　人間は同一視をする／38　強者との同一視／40　攻撃者との同一視／42　弱者との同一視／44　三種類の同一視と進歩、退行との相互関係／46　同一視の結果としての技術の抑制／49

## 第三章　西洋はどのようにして文明化されたのか　51

西洋が文明化されたきっかけ／53　正しい礼儀作法とは？／55　礼儀作法が必要になった理由／59　文明化される以前の中世のヨーロッパ人／60　宮廷社会の出現／63　新しい人格の出現／66　文明化の結果／68　文明化のもたらした予期しなかった結果／70　文明化がもたらした西洋文明の変化／72

## 第四章　文明化現象の後退　76

自由、平等、民主主義の信条／77　アメリカで独立戦争が始まった理由／79　フランスで革命になった理由／81　人間が生物であることに気がついた結果としてのロマン主義／83　異国趣味の現われ／85　「文化の相対性」の考え／86　殖民主義の発展／88　殖民主義の結果／89　殖民主義の結果としての奴隷制度／91　アフリカ奴隷の入手方法／93　「二番目の航路」／94　『モイニハン報告書』／96　奴隷生活の実態／98　奴隷人生の苦痛／101　アフリカ系住民の北部への「大移住」／102　ゲットーの発生／104　苦痛の下位文化の形成と発展／106

## 第五章　アメリカで起った退行と同一視　108

苦痛の社会／109　退行を強制されたアフリカ系アメリカ人／112　退行させられた結果／115　アフリカ系住民との同一視／117　奴隷制度に反対する文明化の心理／121　アフリカ系住民と同一視をした結果／123　アフリカ系住民に対する対処策／125

## 第六章　アフリカ系下位文化の浸透　127

ジャズとラグタイム／128　ジャズの特徴／129　ジャズの浸透／130　ラテンアメリカ音楽／132　リズム・アンド・ブルースの台頭／133　リズム・アンド・ブルースの浸透／135　エルビス・プレスリー／137　ロックンロールとカントリー音楽の関係／140　ロックンロールの台頭以前の中流趣味／142　ロックンロールがもたらした中流趣味の追放／143　同一視の対象となった強者としてのアフリカ系アメリカ人／145　アフリカ系文化の浸透／146　ロック音楽の特異性／148

## 第七章　ロック音楽への攻撃とその敗退　151

世論の攻撃と非難／153　音楽界からの非難／154　マス・メディアの反対／156　宗教界からの非難／158　ロック・コンサートの追放／159　反対派の惨めな敗退／160　ロック音楽の勝利と文明化の類似点と相違点／161　ロック音楽の完全な支配／162　なぜロック音楽が勝ったのか／164　なぜ若者がロック音楽を支持したのか／167　成長の反転としての退行／168　進化の反転としての退行／170　ロック音楽の官能性と享楽性／172　爬虫類の脳の支配／174

## 第八章　ゲットー文化の勝利と西洋文明の崩壊　177

ロック音楽反対意見の再考／178　西洋文明崩壊の恐れ／180　人間行動の抑制の必要性／182　奴隷制度の教訓／184　伝統的西洋文明とロック文化の対決／186　西洋文明の将来／188　下部の二層の脳の召使としての技術／190　ロック文化に支配される市場経済／193　最も可能性の高い西洋文明の将来像／196

あとがき　199
引用ならびに参考文献　201

# まえがき

文明はなぜ興亡するのか、という疑問と好奇心を我々人類は古い昔から抱いている。中国には殷、周、の時代から文明がおこり、滅びた長い歴史がある。すでに孔子のような学者が国が滅亡する理由を弟子に諭している事実から理解できるように、これは中国人にとって常に重要な関心事であった。そしてこれは中国人だけでなく、二一世紀の我々日本人にとっても興味のある点である。

ヨーロッパでも文明の興亡に対する興味は古くから見られる。ギリシャの歴史家ヘロドトスは紀元前四四九年にエジプトを訪れているが、この時点ではエジプトはすでに文明の最高点を過ぎ、ペルシャの支配下にあった。それでもヘロドトスはエジプト文明の偉大さに感銘を受け、過ぎ去ったエジプト文明についてできるだけの記録を残している。その後エジプトはマケドニア系の王朝に支配され、クレオパトラ七世の時にその長い文明史を終え、その後はローマ帝国の植民地になった。しかし古代エジプト文明は崩壊後もヨーロッパ人たちの興味と尊敬の対象となり、西洋文明は一般に考えられているよりはるかに古代エジプト文明の影響を受けている。そして西洋のエジプトへの興味はナポレオンのエジプト遠征、ロゼッタ石の発見とその解読、ツタンカーメンの墓の発見など、特に述べる必要もないほどである。古代エジプト文明は現代人の常識の一部になってしまっている。そしてエジプト文明の偉大さを理解すればするほど、なぜこのような文明が崩壊してしまったのか、と考えさせられる。

文明の興亡を理解するために昔から多くの理論がある。ここでそれらの理論を説明するのは割愛するが、筆者が常に感じることは人間の心理に焦点を合わせた文明論が見うけられない点である。文明というものは複雑な文化と見なすことができる。文化とは複数の人間が環境に対処し、できればそれを生存に好ましい方向に変化させる慣習であると言える。文化を分かち合う複数の人間たちはそれぞれ行動をする前に意識的、または無意識の心理を持っていると考えられる。心理を理解するには、最終的には脳科学に頼らなければならない。つまり文明を理解する出発点は脳を理解することである。本書はこの観点に基づいて書かれている。

筆者は最新の脳科学の知識だけによって文明が理解できると主張しているわけではない。文明は極度に複雑な現象であるから多くの要素、多くの原因の組み合わせによって説明されるべきである。そしてその一つは脳科学の知識であることが必要であると述べているだけである。この筆者の見解に同意してくださる読者がおられることを切望する。

# 第一章　人間は動物である

一人の人間、人間関係、人間社会、文化、文明を説明し理解しようとする場合、いろいろな方法が可能である。どの方法を選択するにしてもなんらかの仮定が必要であり、それはある特定の説明と理解の方法の出発点となる。人間の考えは多様であるから現実には数多くの仮定が考えられ、事実これらの仮定に基づいて世の中にはいろいろな宗教、政治思想、国家体制、学問的な研究分野が存在する。

このことを明記した上でここで本書の出発点となる仮定を述べさせていただく。それは人間は動物であり霊長類の種である、という点である。この仮定に対する反論もありうるが、これは二一世紀始めの日本では比較的容易に受け入れていただけるものと信ずる。人類は哺乳類に属し更に詳しく分類すると最も進化した霊長類の一種である。この生物学的な進化の歴史を持っているために我々は爬虫類、そして我々より原始的な哺乳類と同様に、生きるための基本的な課題を負わされて生きている。これを無視しては社会、文化、文明は理解できない。これが本書の出発点となる仮定である。

**【仮定その一】** 人間は進歩した哺乳類に属し霊長類の一種であり、動物であることを無視しては社会、文化、文明は理解できない。

## 環境操作の進化

生物の進化の歴史を振り返ってみると、ある特定の種とその種の生活環境への対応との間に関連性があることに気がつく。一般的に言って、進化した動物ほどその生活環境を積極的に操作し、自分たちが生きてゆくために有利にする傾向がみられる。例えば原始的な単細胞の動物であるゾウリムシの生き方は消極的である。ゾウリムシは生活環境の化学的、電気的、光学的な状態を感知し、より好ましい方向に移動する。そして環境が好ましくなければそれを避けて反対方向に移動する。ゾウリムシとその生活環境との関係はこれだけのことで、ゾウリムシは環境を積極的に操作をしてより好ましい状態にする、などということはしない。

これよりはるかに進化した動物になると、環境を積極的に操作をして生存に好ましい状態にするようになる。巣を作るのは鳥類、哺乳類の種に広く観察される現象である。それと同時に、生存競争に直接関係がなさそうな行動も見られるようになる。例えば、イギリスではブルーティットと呼ばれる鳥（学名は Parus caeruleus）が配達された牛乳びんのふたをくちばしで開けて、中の牛乳を飲んだり、住居の中に入りこんで紙、壁紙、書物などを引き裂く、などというような行動をする。これらの行動も環境の積極的な操作である。

霊長類は更に進化した動物である。日本猿はいもを海水に浸けて塩味をつけて食べたりするがこれは丁度人間が塩、胡椒、醤油などの調味料を使うのと同じである。日本猿より進化したチンパンジーの場合には、環境操作はより一層積極的で意図的になる。野生のチンパンジーの社会行動を長年観察したジェーン・ゴダールによればチンパンジーは木の葉、草、木の枝、棒、石などをスポンジ、ブラシ、ナプキン、入れ物、玩具、槍、棍棒、など各種の道具として利用している。

このような例は数多く枚挙できるがそれは割愛して二つの要点を述べてみたい。それは（一）動物は環境を操作する、（二）この傾向は進化した動物ほど明確になり強力になる、という点である。

人間の場合にはこの二つの特徴は極端と言っても言いすぎでないほど明白である。人類の歴史、人類の文明史とは環境操作の歴史でありそれがより強力になっていった歴史と言って間違いない。そしてこの結果が現在我々が直面している環境汚染、環境破壊である。生物進化の最も皮肉な点は、ほとんどの生物にとって環境を操作することはその種の生存に役立ってきたが、人間の場合には環境操作があまりにも強力で効果的になってしまったために逆に人類の生存の危機を作り出してしまったことである。

## 操作動機

動物が環境を操作することは動物学、霊長類学、心理学でよく知られており、これを説明する手段として「操作動機」という概念が用いられている。ここで「動機」とは、より一般的な表現を用いれば「本能」と言ってよい。「操作動機」とは生物が身の回りを操作しようとする強い傾向と表現できる。これは将来DNAの研究でより明らかになるであろう。そして操作動機は動物の進化の程度と関連している。

人間の場合、手、足、その他身体の一部を使用して身の回りを直接操作するのは勿論であるが、道具や機械を用いて間接的にも操作をする。そして文化、文明の進化と発展の観点からみると、道具や機械などの手段を用いた環境操作のほうがはるかに重要である。人間と環境との関係にはありとあらゆる種類の状態があり、木の実を採集したり、住居を作ったり、絵を描いたり、といった平和な現象から殴り合いの喧嘩をしたり、他国を侵略したり、核兵器を使用したり、といった現象も含まれる。

## 文化とは何か?

現在では「文化」という単語はほとんど誰でも知っている表現であるため、我々はよく考えずに安易に使用する傾向がある。しかも「文化」は宗教学、哲学、歴史学、社会学、人類学、心理学などの学術分野で使用されているばかりでなく新聞、テレビ、雑誌などでも頻繁に用いられる日常用語である。その意味も必ずしも同じではない。本書では動物とその環境との関係を取り上げてきたが、筆者はこれこそが文化と呼ばれる現象の出発点であると考える。つまり文化とは、動物がその環境を生存に好ましい方向に操作する行動から始まったものと見なすことができる。

この考え方には三つの意味合いがある。第一に、文化の出発点は集団ではなく個体である。第二に、文化は生物学的現象である。そして第三に、文化は人間以外の動物にも存在する現象である。現実には人間でもチンパンジーでも原則的には孤立して生きているわけではなく、集団で生存している。集団で生存している動物は似たような環境に囲まれており、その環境をより好ましくする方法や解決策は同じようなものになる可能性が高い。つまりある特定の環境を生存に好ましい形にする方法と解決策を複数の動物が共有しているのが文化である。

簡単な文化の場合、その文化に属する者全員はほとんど全く同じ環境にある可能性が高い。複雑な文化の場合には、文化の中の文化と言える下位文化や対抗文化などを含んでいる可能性があるが、それでもこの定義はあてはまる。下位文化や対抗文化に属する者同士は似たような環境にある可能性が高い。例えばアメリカのアフリカ系住民は人種差別のためにゲットーと呼ばれる大都市の特定地域に隔離された生活を強いられてきたが、ゲットー住民の生活環境はお互いに似たようなものであり、そこで生きてゆく方法や解決策は独特のものになりうるわけであり、事実そうなったのであった。

「文化」と似た概念に「文明」がある。「文明」とは何であろうか？　本書では文明とは複雑な文化と定義する。世界中文化を持たない人間はいないが、すべての人間が文明の中で生きているわけではない。勿論これは文化が複雑であるかどうかの問題で、文明はよいが簡単な文化はわるい、などと言うことではない。伝統的に人類学者が研究の対象としていた文化はそのほとんどが文明と呼ばれるほど複雑ではなかった。しかし歴史学者、社会学者、政治学者は主として文明を研究対象としている。

## 人間が生きてゆくこととは？

簡単な文化か文明かの相違にかかわらず、すべての人間について言える普遍的な事実がある。まず一人の人間が存在し、環境に直面している。それは気象条件、動植物、地理的環境などの自然環境でもあり、他の人間たちからなる社会環境でもある。この広い意味での環境が一人の人間の操作動機の対象となる。そして自らの生存に有利になるように環境を操作しようとするのが人間である。これは人間を利己主義的に解釈したもので、世の中には自らを犠牲にして他人の生命を救う、といったような愛他的現象もある、などといった反論もありうる。しかし統計的に考えた場合、やはりこれが一人の人間が生きる原則であり、生物学者リチャード・ドーキンスの主張するように、愛他的現象もＤＮＡの維持という観点から考えればやはり利己主義的であるとも言える。

通常人間は一人で孤立して生きてはいない。家族、部落、市町村、国、などの形で他人と共に生きている。そしてこれらの他人は自分自身と同様な環境に直面している可能性が高い。このように複数の人間が共通の環境に対処するために共通の方法を用いるのが文化であるため、文化というものはその性質上主観的であり、自己中心的である。文明はこの特徴をそっくりそのまま維持している。

## 技術は両刃の刃

人間と環境との関係には二種類ある。第一に、人間は自分の手や足を用いて環境の操作を試みることができる。この場合、人間の身体が環境に直接接触するわけである。第二に、人間は手や足で直接環境を操作せずに、道具や機械を用いて間接的に操作を試みることができる。この場合、人間と環境との間に道具や機械が存在する。この方法を用いることによって、人間の環境操作はより強力で効果的になる。これが技術と呼ばれるものの原則である。技術は環境操作を効果的にする手段で、これによって人間の手足を補足し拡張し拡大する結果をもたらす。別の表現をすれば、技術は操作動機の実行をより効果的にするものである。

動物としての人間が生き残るには、技術は大いに役に立ちすばらしい。すべての動物が直面する過酷な生存競争に打ち勝つには効果的な環境操作が不可欠である。人間は技術という手段を用いて素手では人間よりはるかに強力な動物さえも征服することができた。人類が発生した最も初期の段階では生活基盤は狩猟と採集であった。そして簡単ではあったものの、技術はこのような生活に大いに役立った。しかし文化が次第に複雑になり、文明が生まれると、技術の好ましくない面も次第に明らかになった。

問題点は二つある。第一に、技術は操作しようとする対象物が何であるかに関係なしに、目的を選ばずに使用することが可能であり、事実そうなってしまう。弓矢や鉄砲は獲物をとるのに役立つが、全く同じ弓矢や鉄砲も自分の気に入らない人間を殺すのに使用できる。いくら気に入らないといっても人間ならば同じ種の動物である。同じ種の動物を殺すのは建設的であるとは言えない。武器や兵器以外にも、技術の進歩が人類の平和的繁栄に役立たないどころか、逆に人類の生存を脅かすようになってきている。オゾン層の破壊はよい例であるが、それ以外にもＤＤＴ、ダイオキシン、カドミウムなどの物質による環境汚染、自動車が排出する排気ガスによる空気の汚染など誰もが知っている例である。

問題点の第二は、文化が複雑になり、文明が発達するのに相応してこの技術乱用の可能性も重大で深刻になる、という事実である。武器が弓矢から鉄砲、機関銃、爆弾、核兵器と強力で効果的になるにつれて、その乱用による問題もより一層深刻になってしまった。残念ながらこれが人類の歴史、文明の歴史である。

従ってここで断言できることは、技術を意識的に制御し、統制することはいかなる文化でも最低限必要な課題であり、これは命題である。そして文明の場合にはこの問題はより一層切実で、これが二一世紀始めの世界が直面している最大の課題である。

## 人間の多様性

人間が強力な操作動機を持ち、これによって環境を操作し文化文明を作り上げ、それがあまりにも効果的になってしまったために人類の生存に役立つどころか、逆に人類を滅亡に導く危険性までもたらしてしまった。これは人類が霊長類の動物であるという生物学的事実によるものである。これだけでも重大問題であるのに、これを更に複雑にするもう一つの生物学的問題がある。それは我々の多様性である。

すべての生物の種は多様性の特徴を内蔵している。霊長類の種として人類も例外でなく、我々は種としての統一性を維持している反面、その統一性の中での多様性という現象も維持している。この一見矛盾した事実は生物の種が絶滅せずに生き残ってゆくための基本原則である。統一性をもっているために種としての特徴が維持される。しかし統一性が極端であるとその種に属するすべての個体は大変似たものになってしまう。この状態の種は環境が変化した場合それに対応できず、絶滅してしまう。これは生物進化の歴史で繰り返し繰り返し起った現象である。パンダやトキなどは多様性がないために生き残りがむずかしくなってしまったよい例である。この統一性と多様性は生物の世界の宿命であり、この矛盾した二つの条件のバランスをとりながらすべての種が生きているわけである。

文化というものの一般的な観点から、そして特に文明の観点から考えると、人間の多様性には三種類が認められる。それは（一）生物的な多様性、（二）心理的な多様性、（三）文化的な多様性、である。

生物的な多様性とは年齢、性別、民族、人種、などの相違、身長、体重などの相違、更には内分泌の状態、伝達物質、クロモソムの数、などの相違も含む。心理的な相違は我々が考え、反応する場合の相違であり、文化的な相違は異なった文化、文明の間の相違は勿論であるが、そのほかに下位文化、対抗文化など、一つの文明の中に共存する異なった文化の間の相違も含まれる。

## 多様性の問題点と技術を制御する必要性

多様性があることは長所でもあり短所でもある。まず長所から考えると、次のようなことが言える。我々は生物として遺伝子的に多様であり、心理的にはいろいろの意見、解釈、思想、好き嫌いなどの多様性があり、文化的には何をどのように実行するかの多様性がある。この三種類の多様性は一種のデータバンクの役割をもち、我々が問題に直面する場合、その対応策、解決策を見つけるのに役に立つ。多様性があってこそ複数の解決策を検討し、その中から最も現実的で適切な選択肢を選ぶことができる。

しかし短所があることにも注意しなければならない。それは技術を使用する問題として浮かび上がってくる。技術というものは一人または複数の人間が環境を操作するために手足以上の効力を発揮させるために使用される。しかし技術の使用が実行される場合、それが必ずしも他の人間に受け入れられるものとは限らない。人間の生物的、心理的、文化的多様性が存在することを考えれば、この問題はもっとも原始的な技術の場合でも発生する。そして技術が強力になり、効果的になればなるほどこの問題は重大になる。

二一世紀の世界に生きている我々すべてが日常生活でこの問題に悩まされている。産業革命以来の世界で、技術の進歩は環境汚染、環境破壊をもたらし、これに反対する人々が数多く存在する反面、それを無視する人々が存在し、より効果的な環境操作を続けている。騒音公害の多くは電子工学の進歩の結果と見なすことができ、電子工学がなかったら商店、列車、ロック・コンサート、選挙運動、政治活動、宗教活動のスピーカー公害など存在しない。

更に重大な問題は兵器の進歩である。人類の歴史、文明の歴史は兵器の進歩の歴史であると言っても過言でない。戦争が弓矢や槍で戦われていた時代には殺傷される被害者の数は数えられる程度であった。地中海沿岸の古代の社会では敵側の死者の手や性器を切り取り、それを数えて敵を何人殺したかという記録を残していた。武器が弓矢や槍から鉄砲、機関銃、爆弾、核兵器と強力で効果的になるにつれて、殺傷できる人間の数も飛躍的に増加してしまった。第二次大戦でヨーロッパとアジアで殺傷された犠牲者の数はあまりにも多いために確定できず、推定するしかない。人類がこのような現実に直面する理由は（一）常に存在する生物的、心理的、文化的な多様性と、（二）人間が環境をより強力に、そしてより効果的に操作をするための武器、兵器と呼ばれる技術の進歩、という二つの事実の組み合わせによるためである。

これから得られる教訓は誰の目にも明白である。多様性の宿命を持った人間という名の動物たちが絶滅せずに種として生き残ってゆくためには、技術の使用を何らかの形で制限、制御しなければならない。しかしこれは容易な技ではない。なぜなら操作動機は我々の身体に遺伝的に組み込まれてしまっているものであり、それと同時に我々の多様性も生物的な性質のものであるからである。どちらも生物的な問題であり、人類が動物であるために生じてしまった宿命である。

それでも人類の歴史を振り返ってみると、簡単な文化でも複雑な文明でも、我々はなんらかの形で無制限な操作動機の実行を制限し制御しようとする試みはしてきている。宗教、魔術、倫理、道徳、慣習、法律などが文化的な指針として存在し、違反した者に対する罰則が規定されている。勿論、このようなメカニズムは完全ではない。にもかかわらず、人間行動の制限は思ったよりうまくいっているとも言える。我々は通常殺人や強姦はしないし窃盗もしない。その理由にはいろいろある。子供の時から我々は洗脳され、「悪いこと」はしてはいけないと教え込まれている。そして悪いことをすると死後「地獄にゆく」とか、嘘をつくと「お閻魔様」から舌を抜かれる、などと脅かされたりもする。条件反射の結果という理由もあり、一度悪事をはたらいて罰せられたら二度と同じ悪事はしないことにもなる。

しかしここには人類の進化上大変興味のある点がある。それは新皮質の発達である。この点を説明するためにポール・D・マックリーンの「三層の脳」の理論を第二章で取り上げてみたい。

# 第二章　行動を制御するメカニズムの進化

動物の進化とは、より積極的に、そしてより強力に環境を操作する行動の進化と言える。進化の初期の段階では、これは生き残ってゆくために有利であったことは否めない。しかし進化するにつれてこれが一方的に継続し、その好ましくない傾向も次第に明らかになり、人類の場合にはその弊害が明白になっている。

ところがここで大変興味のある現象も見られる。生物がたえず進化することによって、操作動機があまりにも一方的に進化してしまうことを防ぐかのように、制御するメカニズムも進化してきたのである。アダム・スミス式の自由主義的な経済学では「目に見えない手」という表現を用いて、経済というものは自由放任にしておいてもうまく機能するものであると主張するが、考え方によってはそれに似たようなものである。制御するメカニズムの進化は純然たる進化論的な観点から解釈することもできるし、宗教心の強い人にとっては宗教的に解釈することも可能であろう。いずれにしても無制限な操作動機の実行を制御するメカニズムが進化したのは事実である。その事実とは新皮質の進化である。

## 「三層の脳」の理論

脳科学者ポール・D・マックリーンは長年にわたって脳の進化の研究をし、「三層の脳」の理論を発表したことで著名である。ここで「三層の脳」とは、人間の頭蓋骨の中に三種類の異質の脳が層になって存在している、という意味である。別の表現をすれば、人間は頭蓋骨の中に一つではなく、何と三つの脳を持って生きている、ということである。この現象は進化した哺乳類に見られ、人類の場合大変顕著に観察できる。

脳の進化は脊椎動物の進化でもあると言ってよい。マックリーンの三層の脳の理論は大変専門的であり学問的である。一見、象牙の塔の産物で世界の現実とは無関係のように見えるが、実はその関連性は莫大なものがある。この理論を理解することによって、現在我々が直面しているあらゆる種類の社会問題、国際関係、環境問題、そして人類の将来など、誰もが考えなければならない事柄すべてについて再考させられる。

この理論を一般読者向けに要約をすると次のようにまとめることができる。勿論、このように脳科学の数多くの研究成果に基づいている理論を正しく理解しそれを限られたスペースで再現するのは容易でない。興味のある読者はマックリーン自身の書いた本や論文を直接お読みになることを強くお勧めする。

### 1. 爬虫類の脳

三層の脳のうち一番下にあるのは爬虫類の脳である。これは進化の歴史上最も古い層で、その名が示すとおり、鰐や亀などの爬虫類の動物の脳である。爬虫類の脳は生命を維持するための行動に関与している。爬虫類の動物は遺伝的に決められたプログラムをほとんどそのまま実行して生きている。そのため行動は機械的で柔軟性、適応性がない。爬虫類の脳は領分の防御、求婚行動、交尾、繁殖、そして決まりきった動作をつかさどっている。

### 2. 原始的哺乳類の脳（大脳辺縁系）

原始的な哺乳類は爬虫類から進化したわけであるが、この進化の過程で新しい種類の脳が現れた。これが原始的哺乳類の脳で、蟻食いなどが持っている脳である。構造的にはこの脳は爬虫類の脳の上にある層として存在する。別名は大脳辺縁系である。つまり蟻食いなどの原始的哺乳類の動物は、爬虫類のように一層だけの脳ではなく、二層の脳を持つことになった。

この新しい脳の層の出現で画期的なことは、動物が遺伝的に組まれたプログラムにそっくりそのまま従って行動することをしなくなった、という点である。原始的哺乳類の脳を持った動物は柔軟性、適応性を示すようになり、感情を表すようになった。この脳は感知、認識、感情をつかさどり、原始的ではあるものの同じ種の動物に対する一種の「愛」と思いやりも示すようになった。そのために原始的哺乳類の動物は（一）哺乳をする、（二）親として養育する、（三）遊ぶ、という行動を示すようになった。

ここで特に注目しておかなければならない重要な点がある。原始的哺乳類の脳が現われたことによって爬虫類の脳が消えてなくなったわけではない。爬虫類の脳は原始的哺乳類の脳の下に別の層として明確に存在し続けている。そして生命を維持するという爬虫類の脳の基本的特徴や、爬虫類の脳として発生した生物学的な歴史もそのままである。これら二種類の脳はお互いに異質の関係にある。その異なった二種類の脳が二つの層として共存しているわけである。

その結果、二種類の脳がお互いに相容れず、葛藤の原因をつくりだしてしまった。原始的哺乳類の脳は探すこと、食べること、争うこと、恐れ、自己防衛にも関与している。ところが爬虫類の脳もこれらの行動の一部に関与している。しかしこの二種類の脳はどちらかと言えばそれぞれ独立して存在しているため協力して機能しない。それどころかそれぞれが動物の行動を支配しようとすることにもなる。

### 3．進歩した哺乳類の脳（新皮質）

この脳は原始的な哺乳類の脳の上の層として存在し新皮質とも呼ばれる。つまりマックリーンの「三層の脳」というのは一番下に爬虫類の脳、その上に原始的な哺乳類の脳、その上に進歩した哺乳類の脳という形の三層である。これは人間の脳の外側の表面に観察される。新皮質は進歩した哺乳類に存在するが人類の場合にはこれは特に発達している（第一図参照）。脳の進化の歴史から見ると、新皮質が現われ発達したことは驚異的な出来事で、人間の場合、脳全体に対して新皮質の占める割合は格別である。

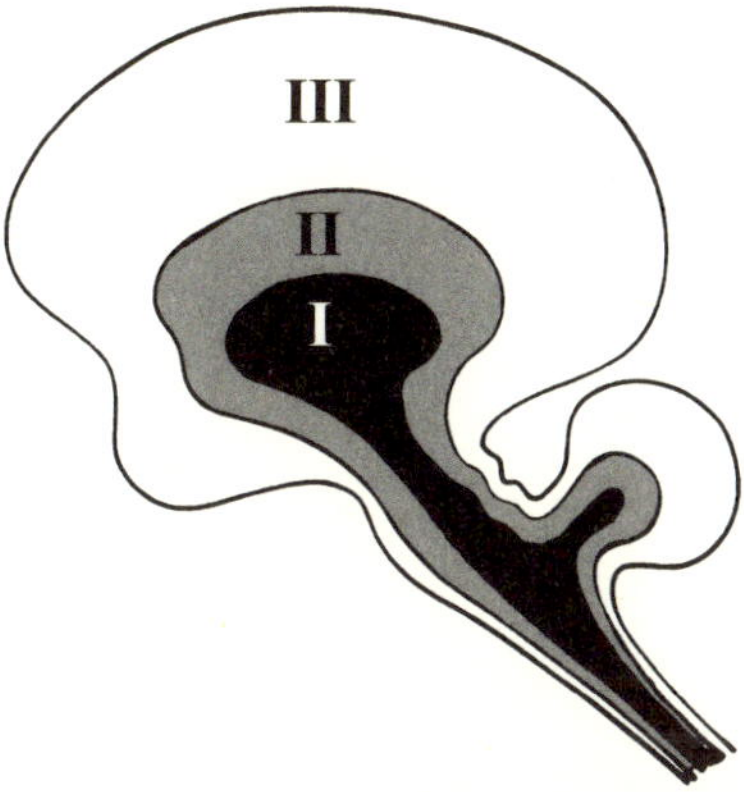


第一図。三層の脳。I：爬虫類の脳。II：原始的哺乳類の脳（大脳辺縁系）。III：進歩した哺乳類の脳（新皮質）。P.D. MacLean, The Triune Brain in Evolution: Role in Paleocerebral Functions. New York: Plenum Press, 1990, p.9, Figure 2-1より許可を得て引用。

新皮質の役割は外部から入ってくる情報を処理することである。爬虫類や原始的哺乳類の脳に比べると、新皮質は身体内の生化学的変化にはそれほど関与していない。

新皮質は身体を動かすこと、考えること、言語などをつかさどっている。

## 三層の脳があるための問題点

新皮質はその下にある二層の脳と明確に異なる。しかし無関係ではない。それどころか、考えようによっては新皮質は下部の二層の脳に依存しているとも言える。その理由は新皮質が受け取る情報は下部の二層の脳を経由してくるためである。その意味では新皮質は下部の二層を通じて入ってくる環境についての情報に従って機能する、という適応の役割をする。従って新皮質は下部の二層の脳に強く影響される可能性がある。極端な場合には、新皮質は下部の二層の脳の言いなりになってしまう。ということは新皮質を持っているはずの人間でも、爬虫類の脳、原始的な哺乳類の脳の特徴に基づいた行動をすることにもなる。

勿論新皮質は下部の二層の脳に完全に支配された奴隷のような存在ではない。新皮質はこれらの脳とは反対の指令を出すこともある。新皮質があるために、我々は知性、理性、倫理、論理、価値観、宗教などを持っている。この新皮質の特徴こそが我々人類を動物界で独自の存在にする理由である。(チンパンジーもこの初期的特徴を暗示する行動を見せることがあることを付記しておく。)

人間が三層の脳を持ち、これら三種類の異質の脳が比較的独立して機能する可能性を持ち、しかもこの三つがお互いに相いれない可能性も持っている、という事実は大問題である。新皮質はある時には下部の二層の脳の言いなりになるが、別の時点ではそれをはっきりと拒否し、独自の行動をする指令を出す。そして人間は下部の二層の脳が要求することと正反対の行動を実行する。マックリーンは、三つの脳はお互いに情報を交換しあうため、一つの脳はそれ一つだけで機能する場合以上の情報を得ると述べている。爬虫類の脳と原始的な哺乳類の脳はそれぞれ異なった進化の歴史を持ち、どちらも比較的独立して機能するためお互いに相いれない可能性があることはすでに述べたが、進歩した哺乳類の脳を持っている人類の場合には問題が更に複雑になる。いわば一種の三角関係であり、これが人間が生まれつき持っている宿命である。なぜこのようなことになってしまったのかという理由は二つある。

第一に、進化の過程で新しい種類の脳が出現したとき、すでに存在していた脳がお払い箱になって消えてなくなるわけではない。古い脳は原則的にはそれまでと同じように存在し、それまで実行してきたことをほとんどそのまま実行し続ける。そして新しく現われた脳はその上に積み重なる、という形で追加されるわけである。ただしマックリーンは哺乳類の動物の頭蓋骨の中にある爬虫類の脳は絶滅してしまった昔の爬虫類の脳そっくりそのままではない、と注意書きをつけくわえている。

第二に、三種類の脳はそれぞれ比較的独立したシステムであるため、他の脳に関係なくそれ独自の知能と記憶を保持し、それ独自の形で環境に対応しようとする。これを素人にもわかるように表現すれば、人間が三層の脳を持って生きているということは、三人の極端な変人を一つの部屋に閉じ込めてしまい、いろいろな課題を与え、三人すべてが満足できる解決策を出すことを強制するようなものである。

フロイトの精神分析は、人間にはイド、自我、超自我が存在し、この三つがお互いに相いれないのが問題の始まりであると仮定するが、フロイトをご存知の読者は、これが三層の脳の理論の観点から説明できるのではないかという印象を受けられたかもしれない。確かにその可能性はある。広い世の中に数多く見られるあらゆる種類の現象を三つの要素、三つの仮定などで説明するのは人類の歴史上、古今東西を問わずよく知られている方法であり、フロイトの精神分析もマックリーンの三層の脳の理論もその二つの例と言える。マックリーンは、「精神分析の治療を受けにゆく人は本人の他に鰐と蟻食いという二匹の動物を一緒に同伴してゆくのだ」と発言したという逸話がある。鰐は爬虫類の脳を持ち、蟻食いは原始的な哺乳類の脳を持っているためである。

## 人間であるために発生する問題

マックリーンの考え方に従えば、人間の頭蓋骨の中には脳が一つではなく三つあり、しかもそれぞれが独自の目標を持ち独自の意志を持っている。と言うことは、人間の一人一人は自身の体の中に同時に存在する、三つの気難しくお互いに相いれない勢力と常に共存して生きていかなければならない宿命を持っている。考えようによってはこれが人生を興味あるものとし、人間に文学、美術、音楽、宗教、哲学などを考え出させた源になったと言える。そしてこれこそが生きることの難しさ、人生の悩み、あらゆる種類の社会問題、世の中の悪などをもたらしたわけである。

人間が人間ではなく爬虫類の動物、または原始的な哺乳類の動物として生きてゆくことは可能であり、そのような例は実際に発生している。その場合には新皮質の言うことはすべて無視されてしまう。他の人間が気にいらなければ殺し、女性を見たら強姦し、欲しいものを見たら盗み、といったような人間も時折見うけられるが、これは爬虫類の脳の言うことだけに耳を傾けた生き方をしているわけである。しかしほとんどの人間はこのような生き方はしていない。新皮質はあれこれと口を出しこのような行動をしたい欲望を感じても阻止してしまう。これが人間であり、ここに人間と鰐の違いがある。

この人間という名の動物の現実に直面すると、いろいろな疑問が浮かび上がる。爬虫類の脳だけ、または原始的な哺乳類の脳だけでも充分生きてゆけるのに、一体なぜ進歩した哺乳類の脳が発生したのだろうか。外部から新皮質に伝達される情報はなぜ下部の二層の脳を経由しなければならないのだろうか。新皮質はなぜ環境を直接理解する方向に進化しなかったのだろうか。新皮質が発生したのだから、なぜ新皮質は下部の二層の脳をもっと効果的に制御し支配できないのだろうか。生物の進化というものが進歩、向上、改善などという方向に向うのであれば、なぜ人間がいまだに爬虫類の脳を持っているのだろうか。

このような疑問に答えるのは難しい。むしろ不可能であろう。しかしここで一つだけ言えることがある。生物の世界、そして生物の進化というものは完全無欠のものではない。いつも何らかの形で不完全、未完成の状態が見出される。これが生き物の世界の現実である。進化というものは気まぐれである。新皮質の出現は知能を高め、環境に対するより効果的な知識をもたらした。しかしそれと同時に、人間は効果的すぎるとも言える技術を考え出し、環境をあまりにも効果的に操作しすぎてしまった。新皮質が進化しなかったら環境汚染、環境破壊は起らなかったのである。そして人間はこのような問題で悩むこともなかった。

## 三層の脳と操作動機

いずれにしても、人間一人一人がこの不完全な状態で生きてゆくのは我々に与えられた課題であり、これは避けることができない。人間が生きる、と言うことはここから出発するわけである。

我々はどのように生きてゆけばよいのだろうか。ここで筆者の主観的判断を述べると、人間個人が生き、人間関係を保ち、社会、文化、文明を維持する基本は新皮質を支配的にさせることである、と主張したい。つまり下部の二層の脳、特に爬虫類の脳の要求することを新皮質によって制御させることである。

三種類の脳は、考えるだけであれば、本人は別として環境や他人には特に問題は起らない。誰がどう考えても別にどう、ということにはならない。しかしこれらの脳がいろいろに考え、それを行動として実行させると問題が起りうる。そして考えを行動として実行する場合、操作動機の問題がからんでくる。操作動機と三層の脳との関係はこれまでのところ研究されていないので、仮定にもとづいた議論しかできないが、操作動機を実行し、行動にうつすことを新皮質が少なくともある程度制限または制御できるものと仮定できれば解決策の一案となる。そしてこれはとりもなおさず新皮質が下部二層の脳を支配することに大いに関係してくる。

爬虫類の脳は機械的、本能的に機能するため、領分の防御、求婚行動、交尾、繁殖などというプログラムを実行しようとする。これが人間社会でそっくりそのまま実行されれば侵略、戦争、殺人、性的ないやがらせ、強姦、窃盗、などといった現象になる。原始的な哺乳類の脳は感情を持ち、怒りを示す場合もある。そして遊びの行動も指示する。怒りの感情が爬虫類の脳に協力すれば行動をより強力にそして分別を失って実行してしまう可能性になる。遊びの指示が爬虫類の脳の要求に協力した場合、戦争、殺人、性的ないやがらせ、強姦、窃盗などをすることが遊びや楽しみとなる。ここに操作動機を制限し制御できる新皮質の役割が関連するわけである。

## 新皮質による操作動機の支配が不可能になる場合

哺乳類が進化するにつれて新皮質が進化したのは、「目に見えない手」がより原始的な下部の二層の脳を制御するためであったのではないか、という印象を与えるかもしれない。これは純然たる進化論的な観点からも、宗教的にも説明できるかもしれない。しかしここではこの問題は取り上げないことにする。いずれにしても新皮質がその立場にあることは事実である。新皮質が理知的に考え、論理、倫理、道徳などに従って操作動機の実行を制御、制限、禁止すれば世界が抱えている問題を解消はできなくとも減少はできるのではないか、と考えたくなる。しかし現実にはこの問題はそれほど簡単ではない。このような単純な解決策の前には三つの障害がある。

第一に、新皮質は外部の情報を直接手に入れることができず、新皮質が得る情報は下部の二層の脳を経由してくる。新皮質が理解する情報はいわば検閲されてしまっている。心理学者ベイリーの表現を借りると、新皮質は「下部の二層から発信される目的次第で限りなく破壊的になったり、愛情を持ち親切になったりすることができる」(Bailey 1987,p.68)。新皮質ははなはだ頼りないものだとも言える。

破壊行動が原始的哺乳類の脳の指示に従って遊びとして実行される場合、それが楽しみとなり、心理的に強化される効果をもたらす。破壊することは楽しむことであり、それを繰り返して更に楽しむわけである。これは犯罪学的にはバンダリズムと呼ばれる破壊行動や、ある種の殺人や強姦に現実に見られる例としてよく知られている。戦争さえも遊びとして実行されることがあり、軍事専門家の使用する軍事用語は、遊びやスポーツのような表現を用いていることに注意していただきたい。

第二に、習うことや知識を得ることは新皮質が深く関与しているが、習得した知識が操作動機を実行させる場合もある。これは新皮質だけの問題である。学問的、科学的な知識を得ることによって人間は更に新しい知識を得ようとし、仮説を立て、仮説に従って実験をする。これは操作動機の実行である。このような学問的、科学的行動でも実際には環境汚染、環境破壊、人体への被害、殺人などになる場合がある。学者でも研究者でもない人間も現実には日常生活で同じようなことをしている。兵器産業は常により強力でより効果的な兵器の研究開発に資金と時間を費やし、できるだけ多くの人間をできるだけ安く殺すことを考え、新兵器を完成し、それを実際に使用して試してみるために戦争を始める。これは三つの脳があるために発生する問題ではなく、新皮質だけ単独に機能した結果である。この場合、新皮質に関連している倫理、道徳、宗教などは機能しなくなる。つまり新皮質が人間を完全に支配したとしてもこのような現象は起る。

第三に、新皮質は他の脳に対する影響力を完全に失ってしまう場合がある。人間の周囲で何か衝撃的な出来事があった場合、たとえば火山の噴火、地震、津波などの自然災害、大事故、爆破事件、空襲、強制収容所での生活、民族皆殺しのための連行、奴隷として扱われた体験、などに巻きこまれると、事実上新皮質が全く存在しないような状態にもなる。つまり人間が人間ではなくなり、原始的な哺乳類、そして更に極端な場合には爬虫類の動物のようになってしまう。

## 進歩と退行の理論

心理学者のケント・G・ベイリーはマックリーンの三層の脳の理論に基づいた人間行動の理論を提案し、それを「進歩と退行の理論」と名づけている。この理論の関心事は新皮質が下部の二層の脳を制御することである。ベイリーは数多くの研究者による神経解剖学の研究成果から三つの結論を導きだし、(一)霊長類の動物が攻撃的になるのは主として下部二層の脳のためである、(二)新皮質は攻撃性を抑制する、そして(三)脳の損傷や新皮質がうまく機能しないときに攻撃的となる、と主張している。

ほとんどの人間の場合、新皮質は下部の二層の脳を少なくともある程度は制御しているが、場合によっては制御できなくなる。ベイリーはこれを「退行」と呼んでいる。無制限な感情表現の制御と理性による支配は新皮質の特徴であるが、新皮質が機能しなくなれば複数の人間たちがお互いに似たような存在になり、個人差がなくなる。原始的哺乳類の脳が支配するため、人間は感情的になり、理性を失ってしまう。「退行」が次の段階になれば爬虫類の脳が人間を支配するようにまでなる。

心理学と精神分析の分野では通常「退行」という表現は人間、特に子供がその年齢にそぐわない、より幼い子供のように考えたり行動したりする現象を指す。つまり子供が発達心理学的に見て以前の状態に逆戻りをすることである。しかしここでベイリーの言う「退行」とは人間がすでに進化した以前の段階への逆戻りである。人間が事実上原始的な哺乳類の動物のようになったり、更には爬虫類の動物同様にまでなってしまうわけである。

この形の退行にはいくつかの原因があり、健康状態が好ましくない場合、疲労、神経系の病気、遺伝的な病理状態、化学物質、ストレス、などがあげられる。ストレスとしてベイリーは生理的に必要な条件を満足できないこと、欲求不満、生存を脅かす危険、の三つを特に明記している。退行するのは簡単である。なぜなら人間は爬虫類と原始的な哺乳類の脳を生まれつき持っているため、その条件はすでに完備しているからである。退行することは進化の過去に戻ることである。しかも爬虫類の脳は食べることや性行動に直結しているため、それに従って行動することは快楽であり、快楽は繰り返したくなる。

退行と反対の行動をベイリーは「進歩」と呼んでいる。これは新皮質が下部の二層の脳に対し支配的になることで、この状態に到達するのは容易ではない。これはいわば教化された、文明の恩恵をうけた人間になることで、意識的、合理的、抽象的な思考方式を持つことである。進歩するには下部の二層の脳を制御するための意識的で知的な努力が必要である。これは我々にとって自然にできることではなく、実行しても特に快楽を感じるわけでもない。しかもあまり実行したくない場合もある。その為に進歩と退行には大きな違いがある。退行と異なり、進歩は主として文化によって指定され、教育という形で習得しなければならない。

進歩と退行の違いは極端である。進歩するのは遺伝的に不自然であり、強制されて習得しなければならない。これに反して、退行するのは遺伝的に与えられた、その意味ではごく当たり前の生き方に戻るだけである。退行するのは進化の過去を再現するだけのことであり、爬虫類の動物はこれをいとも簡単に実行している。新皮質に古い脳二つを制御させて生きてゆくのは容易でない。しかしベイリーはこれが文明なのであると主張する。

## 人間は同一視をする

ベイリーの進歩と退行の理論は神経学、神経生理学、実験心理学、社会心理学など広い分野で蓄積された莫大な量の研究成果に基づいており、その意味では信憑性が高く、敬意を払わなければならない大変立派な業績である。マックリーンの三層の脳の理論と全く同じように、ベイリーの理論をわずか数ページで要約するのでは正当な紹介はできない。興味のある読者は原著を始めから終わりまで注意深く一読することを強くお勧めする。本書の理論的基礎はマックリーンとベイリーの研究成果に基づいていることをここで明記しておきたい。

どちらの理論も取り上げられている研究事項は動物なり人間なりの個体である。このような生物学的特徴を持った人間個人を仮定し、それに基づいて社会、文化、文明を理解するのが本書の目的である。それには複数の人間の相互関係についてのなんらかの仮定が必要である。事実上すべての人間は社会の中に生き、文化に囲まれ、それが文明である場合もある。人によっては一つではなく複数の文化、文明に接触して生きている。ということは好むと好まざるとに関わらず、現実には我々は絶えず他の人間たちと接触させられている。

この事実はマックリーンの指摘する三層の脳を持ち、ベイリーの言うところの進歩と退行の可能性を持った個人の人間が毎日生きてゆくのに大いに関係している。他の人間とどのように接触するか、どのような社会関係を持つか、その結果どのように反応するか、といったことが三層の脳の機能のしかた、進歩するか退行するか、などと言うことに関連してくる。

文学、哲学、宗教、心理学、社会学、政治学、などといったような人間関係を扱う分野は昔からいろいろな考え、概念、信条、ドグマなどを用いて人間を理解しようとする。それぞれの方法は目的次第でそれなりに意味がある。この点をはっきり述べた上で本書では心理学と精神分析で用いられる「同一視」の概念を用いて人間関係を理解することにする。

同一視とは人間が自分自身を心理的に他人の立場に置いて、その他人の感じること、考えることを理解し、その立場に基づいて考え、その立場から物事を理解する心理的メカニズムである。これには洞察と想像力が必要であり、発達した新皮質があって初めてできることである。勿論すべての健康な人間はこれができるはずであり、事実我々は子供の時から同一視をしながら成長する。チンパンジーも進歩した哺乳類の動物であるため同一視をすることが知られており、特に興味のある点は人間と同一視をすることで、これは実験的に報告されている。

## 強者との同一視

ベイリーの理論での進歩と退行は、一人の人間が誰と同一視をするかが大事な要素になる。ある人間が進歩するか退行するかは同一視する人間次第にもなる。同一視は複数の人間を巻きこむ現象であり、複数の人間は理論的には大変多くの数にもなりうる。極端な場合には社会、文化、文明全体の性格、状態、将来の進路にも関係してくる。

この問題を社会、文化、文明全体の観点から考えると、最も重要な点は同一視と操作動機の関係である。つまりある一人の人間が他人と同一視をすることによってその人間の影響を受け、操作動機を実行にうつすかどうか、という問題である。その人が攻撃的であれば攻撃的になる可能性が高くなり、平和を愛する人であれば攻撃的にはならない可能性がある。この観点から見ると、三種類の同一視が考えられる。それは（一）強者との同一視、（二）攻撃者との同一視、（三）弱者との同一視、である。

強者との同一視とは操作動機を自由に、そして効果的に発揮できると思われる人物と同一視をすることである。強者とは必ずしも筋肉のある、身体的な強さを意味するわけではない。運動選手の一部はこの部類に属するが、これが強者のすべてではない。権力、地位、名声、資産、高い知能などを持っていると認識された人物は、他人、国民、会社、軍隊、国、世界、などを操作できると見なされ同一視の対象になる強者である。このような人物が何かを操作し、それに成功すると、それによって印象づけられた人たちは同一視をし、あたかも自分自身がその操作をしたような感じを持つ。強者の操作を代償的に体験するわけである。

これは人間の成長段階で誰でも体験することで、子供が誰か別人のように振るまうことがある。その別人とは親や運動選手などの場合が多いが、その他にもトラックの運転手、飛行機のパイロットなども見うけられる。人間ではなく、大きな動物、強そうな動物、機関車、などの場合さえある。そして大人になっても人間はこの傾向を維持して生きている。熱狂的なフットボールや野球などの選手のファン、映画や大衆音楽のスターの崇拝者、カリスマ的政治家の支持者などがそのよい例である。強者との同一視の場合、当たり前の人間ではできないような操作を実行できる人物と同一視をし、その操作を代償的に体験して満足感を味わうのが特徴である。

## 攻撃者との同一視

精神分析には「攻撃者との同一視」という概念がある。これはジークムント・フロイトの一番下の子供、アンナ・フロイトの研究でよく知られている。この同一視の場合、攻撃者とは自分の存在を脅かすような人物を指し、自分自身をその人物の立場において、その観点から世界を眺めることをする。なぜ人間がこのような心理的メカニズムを用いるかという理由は自己を心理的に守るためである。攻撃者と同一視をすれば自分も攻撃者と同じ心理を持つ。そうすれば自分は攻撃される弱者ではなくなり、自分も強者であるから怖くない。その結果、自分も強者と同じように攻撃的となることにもなる。

アンナ・フロイトは臨床的な例をあげてこれを説明している。ある子供がお化けを異常に怖がっていて、夜暗い場所に行くことができなかった。ところがこの子供がある時突然すばらしいことを考えついた。自分がお化けになればお化けなんか怖くない、と言い出したのである。そして暗い場所を通る時にはお化けになったつもりでお化けのしそうないろいろの仕草をしていた、とのことである。

この心理的メカニズムは強者との同一視に類似している。どちらの場合にも操作動機の発揮に優れている人物と同一視し、どちらの場合にも操作の結果を代償的に体験してあたかも自分自身が操作に成功したような気分となる。しかし相違もある。攻撃者との同一視の場合には攻撃される危険性を感知し、恐怖を感じた結果同一視するが、強者との同一視の場合にはこの心理は存在しない。その意味では、攻撃者との同一視は強者との同一視の特別の形であるとも言える。

アンナ・フロイトは主として子供の研究から攻撃者との同一視という現象に気がついたが、これは子供だけに見られる現象ではない。ナチスの強制収容所に入れられた人たちの反応はよく知られた例である。強制的な監禁が長期的になってくると、一部の囚人たちは看守たちの服装や言動のまねを始めるようになった。占領下の日本でも、日本人はこのような反応をはっきりと示している。攻撃者と同一視をすることは日本人の心理的特徴である。ペリーの黒船の威嚇に始まったアメリカとヨーロッパという攻撃者たちの襲来に直面し、当時の日本人は国力と軍事力の違いを思い知らされ、その解決策としてこれらの攻撃者と同一視をし、欧化をしたのであった。その結果日本は西洋と同じように考え、西洋と同じように侵略主義と殖民主義を実行し始めたが西洋はこれを人種主義によって拒否し、それに日本が反発した結果が真珠湾攻撃になったわけである。

## 弱者との同一視

三番目の同一視として筆者は弱者との同一視を提案したい。これは強者との同一視の正反対で、操作動機を発揮できない、力のない他人と同一視をすることを指す。実際に操作できないかどうかではなく、操作能力がないという印象を受けた人と同一視をするのである。どのような場合に見られるかというと、背の低いこと、体力のないこと、病気であること、幼弱や老齢、女性であること、ある特定の人種や民族、身体障害、知能の低いこと、貧困、などいろいろの状態がある。

このような状態にあると見なされた人は満足のゆく形で操作できないと感じ、同情する。人間だけではなく、動植物に対しても弱者との同一視の心理をもつ場合もあり、そのような社会運動があるのは衆知のとおりである。人によっては、生命のない物体を生物のように見なし、弱者との同一視の心理反応を示す。例えば災害で被害を受けた家屋、事故のために破損した車、タンカーの事故により汚染された海岸などを見て、抵抗できなかったこれらの物体や場所に同情し気の毒に思う人がいる。

進化論の観点から考えると、弱者との同一視は種の生存に役立つ。最も重要な点は母親がこの心理を持つことによって子供の世話をすることである。子供は弱者であり、世話をしなければ生存できない。進化の程度と子供の世話をする心理の発達は関連していて、例えば同じ霊長類でも、チンパンジーの母親はインドに生息するラングールと呼ばれる猿の母親に比べると、はるかに子供の世話をする。チンパンジーより進化した人間の母親は、日本などの場合、世話をし過ぎる印象を与えることさえある。

チンパンジーは母親と子供のように遺伝子的に関連している動物の間ばかりでなく、全く関係のない他のチンパンジーを弱者として同一視をし、行動をする場合さえある。大人のチンパンジーが幼いチンパンジーが溺れそうになっているのを見て助けようとし、自らが溺れて死亡してしまった事件が記録されている。この二匹のチンパンジーは遺伝的には、全くの赤の他人ではなく赤の他チンパンジーであった。ここで特に付記すべきはチンパンジーは泳げないという事実である。にもかかわらず、このような事件が起こっている。

進化論的に考えれば、幼い子供は将来があるという理由で保護し救助するのは種の保存の観点からは望ましい。しかし現在の先進国では老人も保護をし、できるだけ長生きをするように助ける人間観になった。現在の先進国は福祉社会であり、老人の世話は欠くことのできない福祉政策の一環である。しかしこれは人類の歴史で常にそうであったわけではなく、日本では「おばすて」

の物語があり、福祉社会の代表のように見られているスウェーデンでは「エッテステューパ」と呼ばれる伝説がある。これは年をとり社会で満足に機能できなくなった老人を崖から突き落として殺すことである。

## 三種類の同一視と進歩、退行との相互関係

本書では同一視として三種類があることを前提としたが、これは人間の進歩と退行にどのように関連しているのであろうか。ある特定の同一視は進歩や退行を助長したり阻止したりするのか、という問題である。

強者との同一視の場合、他人の優れた操作能力に印象づけられた結果同一視をするため、進歩するか退行するかはその強者の操作行動次第である。強者が進歩すれば同じように進歩しがちになり、強者が退行すればそれにつられて退行する傾向になる。政治家とその支持者はこのような関係になる場合がある。カリスマ的政治家が他国に対し武力行使をしなければならないと主張すると、その政治家の言うことは正しいと信じている支持者はそれと同じことを言い出す。その政治家が、別の時点で国際紛争は武力ではなく話し合いによって解決されなければならない、と主張すると支持者たちはその受け売りをして同じことを主張する。これは一般大衆ばかりではなく、

社会的に影響力のある人々、報道関係者などの発言にもみられる現象である。政治家ばかりでなく、大衆文化の分野で活動する人間でも同じように一般大衆の意見を操作できる。人気のある音楽家、運動選手、芸能人などはあらゆる種類の社会問題や国際問題に口を出すことがある。戦争、同性愛、捕鯨、死刑、移民、などと言った問題に反対したり賛成したり、環境汚染や人種差別に反対したり、などという場合である。これらの人々がそのような発言をする専門的知識や資格がなくても、大衆はその発言を正しいものと信じ、言われたとおりに行動し、デモやボイコットをしたり、破壊活動をしたりする。

攻撃者との同一視の場合には、退行になる可能性が高い。この形の同一視では威嚇や危険の感知がきっかけになるため、攻撃者と同一視をした人間は同じように攻撃的となり、退行し、その攻撃性をしばしば第三者に向けることをする。原始的な哺乳類の脳が活動的となり、感情をあらわにした行動をする。更に退行すれば爬虫類の脳が支配的となり、破壊活動、暴力、殺人、強姦、などという結果にもなる。

フットボールやアイスホッケーの試合で選手同士が殴り合いになった時、両方のチームのサポーターたちがフーリガンとなり同じように殴り合いを始めるのはしばしば観察される。自分の支持するチームの選手が相手の選手を殴ると、同一視をしたサポーターはその攻撃性を相手チームのサポーターに向けて表現し殴るという結果になる。その相手チームのサポーターも同じように攻撃者と同一視をすれば両者とも心理的にはまったく同じ状態に陥り、さらには両方のチームの複数のサポーターたちも同じ心理状態となり、多くのサポーターたちが殴り合いをはじめるようなことになる。

このほかにも可能な心理的メカニズムがある。自分がある特定の選手をアイドルとしている場合それは強者との同一視であるが、その選手が殴られると同一視をしているためにそれを自分自身への攻撃と感じとり、殴った選手を自分への攻撃者と見なし自らも攻撃的になる。いろいろな国の大都市の低所得層の地域で、民族、人種、宗教などが多様である場合や、睨み合いの関係にある若者の集団の間で暴力紛争や殺し合いなどが発生するが、その心理的メカニズムは同様である。

弱者との同一視の結果は明白である。このメカニズムはチンパンジーや人間のような最も進化した霊長類に見られ、弱者と同一視ができるのは発達した新皮質があって初めて可能になる。この心理的メカニズムがあってこそ人道的な文明を築き、それを維持する可能性が現われる。その最大の理由は、弱者との同一視は無制限な操作動機の発揮を抑制するためである。そしてこれは技術の使用、とくに武器や兵器などの他人迷惑な技術を使いまくることを抑制する意味で重要である。

## 同一視の結果としての技術の抑制

同一視のメカニズムは操作動機の実行に影響を及ぼすことが可能である。同一視をする、ということは他人がどのように感じ、どのように考え、どのように反応し、何を望むかを理解することができるためである。同一視から得られる他人の立場の理解は完全ではないかもしれない。にもかかわらず、この心理的メカニズムによって、操作動機を発揮しようとした人間はそれを抑制したり中止することにもなる。ある行動が他人にとって迷惑であったり苦痛になったりすることを理解できれば、それをやめようと考える。

どの形の同一視であるかによって具体的にはいろいろの場合がある。強者と同一視をした場合、何よりも強者自身に対しては操作動機を発揮しない。そしてその強者が第三者に対してもそのような行動をとることを認めない、という意向を示せばそれに従うことになる。公式な命令や指示がなくても、強者の考えることを感じとり、強者に従うわけである。

しかし攻撃者と同一視をした場合には全く別の結果になる。もし攻撃者自身が攻撃的で他人に被害を与え、他人を苦しめることを意図している時、同一視をした人間はそれを感じとり、第三者に向けて実行することができる。攻撃者と同一視をしている場合、その攻撃者は強者と見なされるため、攻撃者自身に対してはそのような行動はできず、その結果第三者が被害を受けることになるわけである。独裁者が民間人の虐殺を命令すれば崇拝者はそのとおりのことを実行できる。これとは対照的に、弱者と同一視をした場合には弱者の安全や人間としての尊厳が関心事となる。そしてこれは第三者ではなく、自分が目の前にしている乳幼児、子供、老人、病人、怪我人、身体障害者などに対して感じる同情である。家族の間ではこの同情をするという価値観は通常当たり前のこととされているが、これこそが福祉社会の原則であり、人類全体に対する人類愛などと呼ばれるものである。

筆者は技術というものは、単に手や足を使って行う操作動機の発揮を助長し、拡大し、環境操作をより効果的にそしてより強力に実行する手段であるという見解を述べた。そして社会、文化、文明を維持するには、技術を効果的に制御することが最優先の課題である、という見解も述べた。ここに現在の我々が直面する大問題に対処する一方法がある。なぜなら現在の世界で見られる問題のほとんどは、あまりにも強力で効果的になってしまった技術に端を発しているためである。我々にとって最も重要で緊急な課題は次の三段階の対処策をたどることである。（一）爬虫類や原始的な哺乳類の脳が我々一人一人を支配することを防止し、その代りに新皮質に支配させること、（二）同一視、特に弱者と同一視をして、他人の苦悩を理解しそれに同情することを習得すること、（三）技術の無制限な使用を制御し制限すること。

# 第三章　西洋はどのようにして文明化されたのか

人間は事実上一人では生きてゆけない。よほど例外的なことがない限り、我々は他の人間と共に社会の中で生き、文化の指示に従って考え、行動している。そして環境をより効果的に操作をして生きてゆくために文化の一環として技術がある。文化が複雑になったものが文明であり、文明の場合には技術ははるかに強力で効果的である。技術というものは両刃の刃で、人間の役にたつ場合もあれば害になる場合もある。技術の抑制と制御は簡単な文化であっても必要であり、これは文明では絶対不可欠の条件となる。技術を抑制し制御しなければ文明の成立と維持が至難の技となる。そしてこれは同一視という心理的メカニズム、特に弱者との同一視を習得することによって無制限な操作動機の発揮を阻止することができる。その前提条件として新皮質を支配的にし、爬虫類の脳や原始的な哺乳類の脳の活動を抑制する必要がある。これができれば文明が可能となる。

ここでぜひ付け加えておくべき点は、これらのことを意図的に計画し、目的を持って意識的に実行しなければ文明を作り上げることができない、というわけではない。比較的簡単な文化でも、偶然このような結果になる状態にあったために文明になる場合も充分ありうる。人間は我々が考えるほど論理的ではないし、理性的でもない。我々は理論的に将来の計画を立て、そのとおりのことを実行しても考えていたような結果を得られるとは限らない。我々が将来を予言したり予測する能力は残念ながら大変限られている。

その最大の理由は人間がある行動をしたあとで、その行動がもたらした結果すべてを知ることができないためである。これはあらゆる種類の環境汚染、環境破壊、薬害などとして現在では誰でも知っている。更に重要な問題点は、ある行動をした後に予測できなかった結果を発見したとしても、それでその行動の結果すべてを知った、という保証はまったくない。それ以外の結果が実際にあったかどうか、という事にさえ我々は全く無知である。その意味では人間が生きることは大変頼りないものであり、一人一人の人間は暗闇の中を手探りで歩いているようなものである、と言っても言いすぎではない。

これはオーストリア学派とよばれる経済学の学派が社会現象を理解するためには不可欠な前提として主張していることであるが、この考え方に従って文明化を考えると次のような仮定が考えられる。

**【仮定その二】** もしある社会の中の多数の人間がある特定の行動をとるようになり、意図的であるかないかに関わらずその結果が新皮質を支配的にし、下部の二層の脳の活動を抑制すればその文化は文明として発展する可能性が生まれる。

これは文明を築くのに必要ではあるが、これだけでは充分でない。他にも必要な条件がある。例えばその文化の中にすでにある程度異なった見解、解釈、知識があり、異なった対処策、解決策を可能にする思想的な多様性があることは大変有利である。しかし多様すぎてもいけない。いろいろな考えはあるものの、一貫した統一性があることも必要でここが文明を築き発展させることの難しい点である。

## 西洋が文明化されたきっかけ

それでは西洋はどのようにして新皮質を支配的にし、爬虫類や原始的な哺乳類の脳の活動を抑え、文明を築くことができたのであろうか。この点を理解するために社会学者ノルベルト・エリアスの「文明化の過程」の理論を簡単に説明したい。

エリアスによれば、中世のヨーロッパで人々の考え方、行動の仕方に漸進的ではあるが画期的な変化が起った。この変化の結果、人々は乱暴な行動をすることが少なくなり、それを楽しみと感じることもしなくなった。その時の気分に左右された気まぐれな行動も少なくなった。感情をあらわに示すことも抑えるようになり、当惑や恥じなどの感情を持つようになった。危険な行動も抑制され、刃物の使用も制限されるようになった。排泄や性行動など、人間が持って生まれた純然たる生理的行動も隔離され、他人に見られても良いことと悪いことの二分化がされた。つまりここでエリアスの言っているのは、事実上マックリーン理論の下部二層の脳が新皮質によって制御されるようになったことを意味している。

エリアスは文学、絵画、史的文書などの多様な文献を引用してこれを実証している。そのうちでも最も重要な文献は一六世紀から一八世紀のドイツ、フランス、イタリー、イギリスで広く読まれた礼儀作法についての本である。これらの本は中世のヨーロッパ人たちに礼儀作法というものが必要であると諭し、他人に対してどのように振舞わなければならないかを明記し、しなければならないこと、してはいけないことを教え込んだわけである。

これらの礼儀作法の本が取り扱っている事項は主として人間の生物学的、生理的な行動の制限で、例えば鼻をかむこと、食べること、排泄、眠ること、性交、感情の表現などである。これこそマックリーンの理論の下部の二層の脳と関連している行動そのものであることに注意していただきたい。エリアスの「文明化の過程」とは人間が否応なく内蔵している爬虫類の脳と原始的な哺乳類の脳を抑制することなのである。

それでは一体誰が礼儀作法の本を読んだのだろうか、という疑問も生ずる。それは最初は貴族階級に属する人々だけに限られていた。しかし時が経つにつれ、その下の階級に属する人々もこのような本を読むようになっていった。貴族階級の下といえばブルジョワ階級であるが、この階級に属する人たちは、社会の最上層では一体どんな行動の基準があるのか知りたがっていたのである。礼儀作法の本は「洗練された人（つまり貴族階級に属する人）は他人の前で匙を使うときには音を立ててはいけない」、「農夫ならしてもよいが洗練された人はしてはいけない」、「食事のときにあざらしのような音を出して呼吸をしたら……育ちのよさなど忘れてしまったことになる」、「……洗練された人はそのような礼儀作法の悪さを受け入れない」、などと書いている（Elias 1978, pp. 63,64,85)。

## 正しい礼儀作法とは？

これらの本に書かれている、するべき事、してはいけない事は、社会階級、職業、人種や民族、宗教、国、などで多少の相違はあるかもしれないが、全体としては現代西洋文明では常識とされている。その普遍性、均一性は西洋のほとんどすべてについて言えることであり、まだこのようなことを教わっていない幼児以外は、原則的にはほとんど誰でも実行していることである。

それと同時に、中世ヨーロッパの礼儀作法の本にはびっくりすること、苦笑すること、不可解と感じること、なども書いてある。例えば、テーブルクロスは脂で汚れた手を拭くもので、鼻をかむものではない、とある。共通の皿から食物を取るときに用いる手で鼻をかんではいけない、その場合には別の手を用いること（鼻紙は用いないため、一方の手の中に鼻をかみこむためにこのような表現になったと思われる）、とも書いてある。当時鼻をかむ場合、鼻紙は勿論、ハンカチも通常使用されていなかったため、衣服も用いて鼻をかむこともしていた。手の中に鼻をかんだり衣服を用いて鼻をかんだりせずにハンカチを用いて鼻をかむことは贅沢で裕福である証拠であった。一六世紀末のアンリ四世はハンカチを五枚持っていた。ルイ一四世はハンカチを沢山所持していた最初の王様であった。時代が経つにつれて西洋では鼻をかむのにハンカチを使用するのが当たり前になっていった。

このようにして欧米では鼻をかむのにハンカチを用いることが定着し、これは二〇世紀まで継続していた。筆者の観察では、一九五〇年代からアメリカの衛生関係の紙製商品を専門とするある会社が「クリーニックス」という商品を売り始め、アメリカ人はハンカチではなくこれを用いて鼻をかむようになった。現在の日本で「ティッシュ」という名前で呼ばれ、街頭でサラ金などの広告として盛んに配られる、あれと同じ形のものである。これがヨーロッパにも広がり、現在では欧米では布のハンカチを使用して鼻をかむ、ということはほとんど見られなくなった。

エリアスは食事の時の礼儀作法についても述べている。それによると、煮物の汁の中に指を入れてはいけない、自分が食べているものを他人に食べさせてはいけない、共通の皿に自分が食べ終えた残りの骨を戻してはいけない、自分が一度口の中に入れたものを共通の皿に戻してはいけない、テーブルクロスで歯の掃除をしてはいけない、食べながら鼻くそをほじくってはいけない、などと教えている。これらのことは理解できるが、おもしろいのは肉を食べたあとの骨の処理である。これは共通の皿に戻してはいけないのは判るが、それではどうするかというと、床に投げ捨てるのが正しい礼儀作法なのだそうである。

中世のヨーロッパでは痰やつばを吐くのはごく当たり前のことで、誰でもどこでも自由に吐きちらしていた。しかしこれも制限されるようになり、テーブルの上に痰やつばを吐いてはいけない、と教えている。するのならテーブルの下にするのだそうである。更にはこの問題に対処するために痰壷というものが発明された。しかし現在の欧米ではこれはまず見ることはできない。日本でも痰壷は一九五〇年代頃までは駅などでごく当たり前に見られたもので、筆者は駅のプラットフォームの柱に「痰つばは痰壷へ」と掲示があり、そのそばに痰壷が置いてあったのを記憶している。これは日本でも消えてなくなってしまった。しかし二一世紀始めの中国では痰つばをはく行動も痰壷もいまだに存在している。

中世ヨーロッパの礼儀作法によれば、大便、小便をしている最中の人に話しかけてはいけない、とある。一見これは街路や野原での出来事のような印象をうけるがそうではない。エリアスによれば、一五八九年にブランズウィックの法廷が出した法令は階段、廊下、押し入れを尿その他で汚染することを禁止している。ということは建物内で当たり前のようにこのような行動をしていた人が少なからず存在していたことを示している。礼儀作法の本は、露出すべきでない身体の一部は露出してはいけない、と書いている。また隠しておくべき身体の一部については口に出してはいけない、とも述べている。

宿屋に泊まる場合、赤の他人と一緒に同じ部屋で寝るのは当たり前であり、時には同じ寝台に寝ることもあった。ただしこれは同性の赤の他人である。その場合には寝台の半分だけを占拠し、身体をまっすぐにして動かずに寝るように、と教えている。

エリアスによれば、中世のヨーロッパ人は身体の生理的な現象に関しては全くおおらかで至極あたりまえに扱っていた。生理的な必要性を感じれば、いつでもどこでも直ちにそれに従った行動をしていた。これは自分自身だけのことであり、他人がどう思うか、などということは問題外であった。勿論誰もがこのように考え、行動していれば思いやり、恥じ、下品さ、などという考えも感情も存在しなかったわけである。このようなことは人々の頭の中になかった。

ところがここで大変興味があるのは、ヨーロッパが中世からルネッサンスの時代になると、変化が起り始めた。人間の生理現象の一部は他人の目から隔離され、私的なこととされるようになった。これは特に排泄に関して明確になっていった。寝室も私的な面と見なされるようになった。痰やつばをはくことや鼻をかむことは完全には私的な行動とはみなされなかったものの、以前に比べれば自由にいつでもどこでも実行してよいことではなくなった。そして私的なこととは隠すこと、他人に見られないことであった。

## 礼儀作法が必要になった理由

いわば爬虫類や原始的哺乳類のように生きていた中世のヨーロッパ人たちが、ルネッサンスの時代に入るとこのような変化を見せ始めたのには何か理由があったものと考えられる。例えば時代が進むにつれて、ヨーロッパ人たちは次第に衛生観念を持つようになり、病気や伝染病を防ぐために生理現象を制限するようになったのではないか、と考えられる。今日の常識から考えると、これは誠に適切な推測である。

しかしエリアスによれば、これは正しくない。生理現象を制限する基準というものが最初に発生し、その後で衛生観念が発生したのだ、とのことである。つまり衛生観念は、すでに決められていた生理現象を制限する基準を後で説明する形で発生した、というわけである。

エリアスは、礼儀作法の本は、他人、特に社会の中で自分より地位の高い人に対して敬意を表すことが大事であるとしばしば指摘している、と述べている。自由奔放な行動をすることは社会的に地位の高い人に対し、ばかにしたことになり、失礼であると見なされた。ところがこれは地位の高い人に対してだけで、自分より地位の低い人に対してはどうでもよいことであった。行動を慎むことは原則として地位の高い人が地位の低い人に対して要求しており、場合によっては同じ地位の人でも慎むものとされていた。

例えば、社会的に地位の低い者の前で衣服を脱ぐことはよいが、全く同じ行動は地位の高い者の前ですることは禁止されていた。(第二次大戦中、ビルマのヤンゴンにあったアーロン収容所でイギリス人の女性が平気な顔で日本人捕虜の前で裸になっていた記録を思い起こさせる。)文明化されることは他人に対して思いやりをもつこと、社会的に地位の高い者に尊敬の念をもつことである、というのがエリアスの解釈である。それではどうしてこの考え方が現われたのであろうか。エリアスはヨーロッパの社会関係の構造が変化したためであるとしている。

## 文明化される以前の中世のヨーロッパ人

ルネッサンスになってこのように変化したヨーロッパ人は、それ以前の時点、つまり中世のヨーロッパでは一体どんな人たちであったのであろうか。正確で、客観的で、科学的な記録のないため詳しいことは言えないが、それでも逸話からある程度の推定はできる。例えば一六世紀のパリでは夏至祭を祝っていた。このお祭りの時に数十匹の猫が焚き火の中に投げ込まれ、観衆はこれらの猫が生きたまま焼き殺されるのを見て楽しんでいた。この焚き火の儀式を見るために国王と王妃が出席することもあった。これは猫だけではなく、人間でも同様であった。西洋の伝統では死刑執行は一種のお祭り騒ぎで、広場などで行われて多くの観衆がそれを見て楽しんでいた。ローマ帝国の時代には人が殺されるのを見るのは娯楽であり、ローマその他にあるコロシアムはそれを見せるところであった。よく知られている例はフランス革命の時のルイ一六世とマリー・アントアネット王妃の処刑であろう。このような状態にある人間は爬虫類と原始的哺乳類の脳に支配されていると言える。新皮質は機能せず、猫や他人が苦しみながら死んで行くのを見ることが楽しみであり娯楽になるわけである。

中世のヨーロッパでは他人に裸体を見せることに何の恥じらいもなかった。男女とも同じ浴場で身体を洗い、地方によっては自宅で素っ裸、またはそれ同然になり、浴場まで歩いていった。ドイツでは一六世紀までは素っ裸の人間をあちらこちらで見るのはごく当たり前であった。毎晩誰もが素っ裸になって寝床に入ることをしていた。結婚式の後、花嫁は衣服すべてを脱がされ、結婚が正式に成立したと認めるために初夜の寝室には目撃者が同席することになっていた。

中世のヨーロッパ人たちは動物のように生きていたと言ってもおかしくない。吐き気を感じたとき、吐かないでそれを止めようとするのは醜いことと考えられ、吐いてしまうのが自然なこととされていた。男性にとって女性は単に性欲処理の対象物であった。男性が支配する世の中では女性は劣った存在であり完全に男性に依存していた。フランスでは女は男が必要とし男が楽しむために男に与えられたものであった。「女が男に与えてくれる肉体的な楽しみを除いたら、女房に我慢できるだけの忍耐力を持った男はいないだろう」という当時の記録をエリアスは引用している（Elias 1982,p.82）。騎士にとって妻を殴ることは当たり前とされていたようで、顔を殴って鼻血を出させるのも当然とされていた。その結果、騎士の妻は「ありがたくお受けいたします。これでご満足いただけるのならもう一度なさってください」と言った記録もある（Elias 1982,p.79）。一六世紀までは、家柄のよい家庭では嫡子も庶子も一緒に育てられていて、子供たちもお互いの違いを知っていた。庶子も家庭の一員であった。

中世の文書を調べた結果、エリアスは一五世紀のヨーロッパの人間像を描いている。貴族や平民の相違に関係なく、家と家の間での復讐や仕返し、個人的な争い、血の流しあい、などはごく当たり前に起り、すぐに刃物を用いていた。地獄へ落ちる恐れ、階級差の意識から生ずる圧力、騎士道の名誉感、陽気な社会関係、などがあったにもかかわらず、人々は残忍で乱暴であった。

しかし一貫して常にこのような状態であるわけではなかった。もっとも注目すべき点は、気分が突然変化することである。冗談を言った直後に皮肉なことを言ったりし、口論となり、大喧嘩になってしまうこともあった。エリアスは中世のヨーロッパ人の人格の矛盾性に注目している。神への敬虔さ、地獄へ落ちる極度の恐れ、罪悪感、ざんげ、極度に突発的な喜びと陽気さ、抑制しないで突然見せる嫌悪と敵対心などが人々の心の中に共存していた。エリアスは「後の時代に比べると、本能と感情は自由に、直接に、はっきりと表現していた」と述べている（Elias 1978,p.200）。エリアスによると、人々は同一視もしていなかったとのことである。

## 宮廷社会の出現

このような中世のヨーロッパ人がどうして変化をしたのであろうか。何が原因で変化をしたのであろうか。エリアスによれば、中世の末期になると、騎士たちからなる支配階級は没落し始め、それまで確立されていた社会の絆が弱められた。その結果、社会の中の人間関係は複雑多様になり始めた。社会を階層として見た場合、ある人は上昇し、別の人は下降することになった。しかし人々の上下の移動はそれほど長くは続かず、一六世紀には貴族階級を最上層にした、それまで以上に明確に決められた新しい階層ができあがった。

ここで注目すべきことは、新たにできあがった貴族階級なるものは、社会的には多様な背景を持った人々で成り立っていた点である。廷臣たちはこの階級に属し、昔の騎士階級の子孫も含まれていた。しかし騎士階級の子孫たちすべてが貴族階級に属することができたわけではなかった。新しい貴族階級が多様であることは、この階級に属する者にとっては苦労の種となった。正しい行いやしかるべき行動の基準が不明確になってしまったためである。その結果、階級の中での適切な行動の基準を敏感に感知することが必要になった、とエリアスは述べている。階級内の一人一人が見せる態度、口調、動作、身なりを鋭く感知し、それぞれの人間の社会的地位を正しく知ることが貴族階級の人間として生きていくのに不可欠になった。エリアスは、一六世紀に礼儀作法の本が読まれるようになった理由は、新しくできあがった宮廷社会にとって適切な行動の基準が必要であったため、という学説を提起している。

西洋文明における宮廷社会は、広い意味でのフランス国王一家に属していた多くの人々とそれに依存していた人たちがそもそもの起源であった。宮廷社会は拡大された王室であると同時に何と政府でもあった。個人的な義務と職務上の義務の違いはなく、国家の管理職を担っていた王侯たちとその補助をしていた人々は特に分化もされず、専門化もされていなかった。私的なことと公的なことは重複していて当然と見なされていた。家族や親族の絆、敵対関係、友人関係、などが政府や公的な事務に入りこんでくるのはよくあることであった。

ヨーロッパで最も影響力のある宮廷社会はフランスで発生した。ここから全く同一の動作、礼儀作法、好み、言語（つまり貴族階級が用いるフランス語）がヨーロッパ各国に広まった。その理由は当時フランスが最も豊かで、強国で、中央集権された国であったためである。なぜそうなったのかは経済的理由による。中世後のヨーロッパが経済的発展をしていたとき、通貨の流通と商業活動が活発になった。しかしこれはインフレをもたらし、貨幣価値は暴落してしまった。

このような経済的変化によって二つの社会的変化が起った。第一に、裕福なブルジョワ階級が現われ、資産のおかげで権力を持つようになった。第二に、昔の騎士の背景を持った貴族たちは次第に資産を失うようになり、場合によっては貧しくなってしまった。しかし定義上、貴族は金儲けのために働いてはいけないと決められていた。もしそうすれば貴族の地位を失うことを意味したのである。このような社会的変化のために社会の中で上下の変動が起った。金持ちのブルジョワは貴族になり、貧しくなってしまった貴族は貴族の地位を失いブルジョワ階級へと没落していった。

貴族の一部は国王に助けを求めることをした。その理由はと言えば、国王は宮廷、軍隊、政府などの地位を与える権限をもっていたためである。このような取引をすることによって地位を得ることができた貴族は国王に頭が上がらなくなり、その反対に国王はその権力を膨大なものにすることとなった。このような取引は何世紀にも渉って継続し、一六世紀になると盛んに行われるようになった。エリアスは、礼儀作法の本の出現はこの社会的事情に基づいていると理論づけている。

## 新しい人格の出現

宮廷社会の中で生きてゆくことは面倒なことである。国王が絶対的な権力を持っているために、国王のお気に入りとなり、信望を得ようとする熾烈な競争をするからである。各人は派閥のような集団に属し、必要な時には属する集団に助けてもらえる。ところがそのような集団は絶えず流動的でしかも再編される。できれば自分より身分の高い人物と同盟関係を結べば有利であるが、宮廷社会の中での身分の高さ低さは急速に変化してしまう可能性がある。しかも味方ばかりではなく敵もある。このような現実に常に直面していると、宮廷社会の人間は一つの言葉を発し、一つの動作をするのに極度に注意深くなければならない。そして他人を注意深く観察して、その人間が宮廷社会の中で上昇中であるか下降中であるかを知らなければならない。これに失敗すればとり返しのつかないことにもなりうる。

例えば、上昇中の人物に無礼であるのは危険である。それと同時に下降中の人物に必要以上に親切で礼儀正しいのもばかげていて無意味である。エリアスはこれを株の売買になぞらえている。

宮廷社会の貴族たちが毎日このようなことに精力を費やしているのは国王にとっては大変有利で、貴族たちが敵味方の争いをし、競争をしていれば一致協力して国王に刃向かうなどということはできなくなる。このお蔭でフランス国王の権力は絶対的であることが保証されていた。

このような環境にあれば、衝動や感情を抑えなければならない。自分自身の、そして他人の行動を一連の出来事の一つと見なして理解しなければならない。他人を真っ向から攻撃するのは抑制され、フロイト式の表現をすれば昇華という形で美術や文学にそのはけ口を見出していた。欲求不満や葛藤は自分の心の中で抑え、フロイト式に言えばイドと超自我の葛藤となったわけである。このようにして騎士が廷臣に変化していった。

要求されている行動の基準に従わなければ地位が下がるため、宮廷では絶えず立派に見られるための競争があった。周りの出来事に敏感である必要性から他人を見る新しい思考方式が生まれ、特に自分のすぐ上の地位にある人物には敏感である必要があった。すぐ上の地位を占める人物の言うこと、することは自分自身の手引きとなり、それを模倣することによって事を無難にすませるようになった。

しかし下の地位にあるものが全くおなじような口をきいたり行動をしたりすれば、上下の違いが消えてなくなる。一七世紀終りのフランスでは宮廷社会で始まった慣習、行動、流行は絶えずブルジョワ階級に浸透していた。これを知った宮廷社会はブルジョワ社会とは違うことを示すために更に洗練された行動をするようになった。下の者たちとは違うのだ、下の者たちよりは優れているのだ、ということを誇示するのがより洗練された動作を考え出した理由であった。言葉も洗練され、庶民の使用するような下品な言葉を使うのはご法度となった。

洗練性は他人と同席している場合に、恥じをかかないように、当惑しないように、という感情によるものであり、最初は性行動や排泄などについてであった。しかし恥じや当惑を感じるのは他人がいるかどうかに関係なくなっていった。一人だけでも恥じや当惑の感情を持つようになった。他人が居ても居なくても、他人がどう考え行動するかに関係なく、自分自身のこととした人格が形成されるようになった。ここで更に特記すべきことは心理的に同一視をするようになったことである。

## 文明化の結果

エリアスの言う文明化とは、感情の抑制と身体の生理的な面の抑制である。宮廷社会に属するにはこの抑制ができなければならない。中世のヨーロッパではいつどこで襲われるかわからないため、常にそれを覚悟し、闘う心構えが必要であった。しかし宮廷社会の時代になるとその必要はなくなった。その代わりに言葉使いや動作のきまりをしっかりと身につけ、人間関係を巧みにする技を習うことが必要になった。

宮廷社会の時代になると、他人を攻撃して喜んだり楽しんだりすることは好ましくなくなり、気分や動作の変化も以前のように極端ではなくなった。それと同時に新しい制限がなされるようになった。中世のヨーロッパでは、自分を護るため刃物を常時所持することは必要であり、刃物は食事をするときに使用される唯一の道具でもあった。しかし刃物は人間関係には危険であると見なされるようになり、制限されたり禁止されるようになった。

性行動、排泄、眠ることなども他人の目から隔離されるようになった。人前で食べることは以前どおり認められてはいたものの、肉などはそれが動物を屠殺して得られたものという事実を隠すように料理されるようにもなった。(現在の西洋では牛乳が牛から得られたものであることを知らず、清涼飲料水のように食品工場で生産されたものであると信じている子供が多いとのことである。)

文明化の結果、明確に分けられた二種類の相対する意識ができあがることとなった。その一つは文明の世界であり、もう一つは生物としての人間の世界である。この二番目の世界は文明をもたない人々、つまり野蛮人の世界、そして動物の世界である。礼儀作法の本は下品とは豚や犬などの動物のすることである、と強調している。この二種類の世界があることを習得し、野蛮人や動物のような振るまいをしないことが文明化された人間と見なされた。そして人々はこのような行動の基準を常に意識しているかどうか、それに従うかどうかによって評価されるようになった。中世とは違って、攻撃的であって闘って勝つことは必要でなくなったばかりでなく、これこそが宮廷社会では絶対に避けなければならないタブーとなった。

## 文明化のもたらした予期しなかった結果

宮廷社会ができあがった結果、文明化の現象が起ったわけであるが、文明化は三つの予期しなかった結果をもたらした。第一に、人々の間で相互に同一視をするようになり、しかもそれがしばしば見られるようになった。いわば当然ではあるが、宮廷社会では他人の言ったことを充分に理解し、それが一体何を意味しているのか、口先とはうらはらに、本当は何を意味しているのかを知るのは重大関心事である。他人の言ったことをそっくりそのまま信用してしまうのは致命的な過ちにもなりかねない。ある発言の背景には一体どんな意図があったのか、その人は一体何を考え、何を目的としているのか、などということを推測し、それを分析しなければならない。これに失敗すれば自らの地位を失い下降の道をたどることになる。

第二に、先を見る目が必要になった。自分自身の、そして他人の行動の結果を前もって予測し分析し、それに従った計画を立てておく必要がある。これに失敗すればとり返しのつかないことにもなる。その理由は宮廷社会の特徴そのものにあり、一人一人の人間の地位は大変不安定で危なっかしいものであるため、そして一度失敗をしたらその結果は後々まで尾を引くためである。

第三に、大人と子供の間の身体的、心理的な距離のへだたりができるようになった。衝動的に考え、行動することが禁物になり、洗練された礼儀作法を学ぶことは、子供のように考えたり話したりしてはいけないことである。その結果子供から隔たりを持つことになった。

本書で、文化文明を維持するための重要課題として取り上げている操作動機の制限と制御の観点から考えると、これら三つの予期しなかった結果のうち、同一視をするようになった点が最も重要である。これこそが操作動機を自由気ままに発揮することを防ぐ心理的メカニズムである。これは時や場所に関係なく、一七世紀フランスの宮廷社会にも、それから三〇〇年以上後の西洋にも日本にも同じように言えることである。

文明を維持し、さらには発展させるためには、操作動機の無制限な発揮を制限し制御することは絶対不可欠な必要条件である。操作動機を手や足以上に効果的に表現するための手段としての道具の使用も制限されなければならない。宮廷社会で刃物の使用を禁じたり制限するようになったのは同一視をするようになった結果であった。これによって無制限な殺し合いを防ぐことになり、建設的な結果を生み出すことになった。これは日本史を振りかえってみても全く同じことが言える。江戸時代の殿中では刀を抜くことはご法度であり、これに違反をしたために浅野内匠頭が切腹を命ぜられたのは、有名な赤穂義士の出来事として日本人なら誰でも知っていて、歌舞伎の『忠臣蔵』として現在でも盛んに上演されている。

## 文明化がもたらした西洋文明の変化

ヨーロッパの宮廷社会で始まった文明化は、結果的には新皮質が下部の二層の脳を抑制することになり、ベイリーの言う進歩を促し退行を防ぐ効果があった。これによって西洋文明は操作動機が潜在的に持っている破壊的な面を抑制することができた。社会の最上層の人々が同一視をし始め、お互いに何を考え、何を望み、何を望まないかを知るようになり、これがブルジョワ階級の人々の間にも浸透し、さらにその下の人々にも浸透すると、社会全体が中世のヨーロッパのように爬虫類と原始的哺乳類の脳に支配されていた生き方から抜け出したことになった。これによって西洋文明がより建設的に前進する可能性が現われた。

しかし考えようによっては、我々が持って生まれて除去することのできない爬虫類や原始的な哺乳類の脳の活動を抑えるのははなはだ不自然である。人間ならこの二種類の脳は常に頭蓋骨の中に存在している。しかもこれらの脳は進化の歴史を見ればわかるように新皮質よりはるかに古い。抑制する努力はできるかも知れないが、存在させないことはできない。これが人間が人間であるための悩みである。一寸したきっかけでこれら下部の二層の脳は活発になる。西洋文明の歴史上、このようなきっかけは二つあった。その一つは宮廷社会の没落とブルジョワの台頭であり、もう一つは啓蒙思想の発展であった。

宮廷社会の没落と資本主義の台頭は相関関係にある。時代が進むにつれて貴族ではない者が貴族の肩書きを手にいれることが可能になり、その結果宮廷社会はすっかり変容してしまった。貴族の肩書きは軍事的な功績で得られることがしばしばあり、そのために貴族の数は次第に増加していった。貴族の収入は一定したものであったが、これはインフレのために事実上減収となっていった。貴族はそれぞれの身分に相応して、雇用する人間の数、宮殿の質、衣服、食べ物、娯楽など、一定の生活水準が決められていた。つまり身分にふさわしい生活が必要であった。

しかしインフレになり貨幣価値が下落すると、身分にふさわしい生活をするのが次第に困難になっていった。しかも定義上、貴族は働いて金儲けをしてはいけない、とされており、もし仮に金儲けをするために職についたりすれば直ちに身分が下落してしまう危険があった。そのために借金をして無理に地位を保とうとし、負債を増やし続け、あげくのはてに破産をしてしまった貴族が増加していった。それと同時に財産を持ったブルジョワの数は増加し続けた。このようにして貴族の宮廷社会が惨めに没落し、近代的な資本主義社会が出現した。

啓蒙思想は一七世紀と一八世紀のヨーロッパで長い年数をかけて発展した哲学である。これを簡単に説明をするのは容易でないが、見方によっては三つの特徴があるとも言える。第一に、人々は国家と教会の権威と権力を疑問視し、キリスト教そのものまでも懐疑心をもって眺めるようになった。第二に、人間に対する新しい見方が現われ、人間は本質的には理性と善性を持った存在であると主張された。同胞愛、人道性、同情などの重要性が指摘された。第三に、進歩する、という考えが現われた。人間の歴史は進歩の道をたどり、より良くなる方向にむかっているものと主張されるようになった。中世ヨーロッパの考え方に比べると、啓蒙思想はまったく異なったものであり、この影響を受けた人々は人間というものを積極的、建設的に理解するようになった。

啓蒙思想はかなり漠然とした大変広い意味を持った哲学であるが、この思想の影響を受けていろいろ具体的な考え方も主張されるようになった。その中でも、その後の近代西洋文明の性格を形成するようになったという観点から特に重要なものが三つある。それは（一）自由、平等、民主主義という三つの価値観を柱とした政治哲学、（二）人間は生物であるという事実を認め、これに基づいたロマン派の文学、絵画、音楽の出現、（三）世界の文化の多様性を認め、その評価の相対性を意識したこと、である。三番目の文化の相対性を意識したことは、西洋とは全く異なった文化も人間の別の生き方であるとし、特異さをそれなりに評価をしたことであり、これは二番目のロマン主義の出現とも密接な関係があった。古代エジプト文明への興味や中国趣味などが西洋で流行するようになり、アメリカ大陸の原住民たちの文化に自分たちの過去を見るような、一種の郷愁感とでもいったものも感じていた。

# 第四章　文明化現象の後退

啓蒙思想は（一）自由、平等、民主主義という三つの価値観に基づいた政治哲学の台頭、（二）人間は生物であるという事実を認めること、（三）文化の多様性を認め文化の違いを受け入れること、という結果をもたらした。人間行動、そして人間行動の結果としての文化、文明は予期しない結果に至ることがあるが、啓蒙思想の発達もそのよい例である。これら三つの考え方は直接または間接に文明化の過程が継続することを止め、その後、後戻りをさせる効果をもたらした。西洋文明の歴史を考えると、これは極度に重要な出来事である。文明化の現象が反転し後退することは「反文明化」とも呼ばれている。

「反文明化」とは、人間は生物でありこれを至極当たり前な事実としてすんなり認めることを意味する。文明化の場合、人間の生物的な面は極端に隠蔽し隔離しようとしたのであるから、反文明化はこれと正反対のことになる。人間の生物的な面は隔離されず隠蔽されなくなったばかりか、場合によってはそれを最大関心事とし、意識の中心に据えることにもなる。性、暴力、食べること、排泄、などが取り上げられる。つまり反文明化とは一度文明化された西洋の人間が中世の人間に戻ることとも言える。ベイリーの進歩と退行の理論の観点からすれば、新皮質の存在意義はうすくなり、爬虫類と原始的な哺乳類の脳が人間を支配することを意味する。

## 自由、平等、民主主義の信条

それでは具体的にはどのようにして文明化が反転し、反文明化するようになったのであろうか。まず最初に自由、平等、民主主義の三つの価値観に基づいた政治哲学の演じた役割を知る必要がある。近代西洋文明で起った最も重要な大事件を二つ取り上げるとすれば、一七七六年のアメリカの独立戦争と、これに刺激されて起った一七八九年のフランス革命であることに間違いない。アメリカ大陸に存在した一三の英国植民地の人々を蜂起させた価値観は「自由」であった。アメリカの植民地ではイギリス国王の専制と横暴さに次第に不満をつのらせるようになり、特に一七六四年の砂糖法、一七六五年の印紙法、一七六七年のタウンシェンド税などによる課税は不当なもの、自由を無視したもの、と見なされた。パトリック・ヘンリー、トマス・ペイン、アレキザンダー・ハミルトンなどの植民地の活動家たちは、不当な税金を払うことなく必需品を手に入れることこそが自由なのであると信じ、自由を得るには暴力をもってでも専制に反対し、植民地の独立を奪い取るしかない、と主張し始めた。そして独立するために軍隊と州兵が動員されることになった。

フランス革命の場合には、革命家たちは「自由、平等、友愛」という表現を好んで用いた。ここで「自由」と「平等」は現在でも大体同じような意味合いをもっているが、「友愛」は現在の感覚では「民主主義」であろう。フランスの大衆は上流階級の特権と独裁に反対し、法の前の平等を要求し始めた。それを具体的に表現したものが「人間と市民の権利についての宣言」である。これこそが圧制と専制を欲しいままにしたフランス国王たち、特に太陽王と呼ばれたルイ一四世の政治を真っ向から拒否したものである。貴族と教会の人々は逮捕されたり、監獄に入れられたり、惨殺までされた。専制の頂点にあると見なされたルイ一六世とマリー・アントワネット王妃はギロチンで処刑された。

ブルジョワの自由主義者であったモンタニアールたちは労働者、職人、商人、零細企業家、小作人などの協力を得て政権を奪い取ることに成功し、抜本的な経済・社会政策を実施し始めた。例えば貧乏人や障害者には援助をし、無償の義務教育を実施し、革命の結果フランスから逃げ去った資産家たちの財産を没収し競売にかけたりした。このような政策はあまりにも過激であったため強い反対があったが、反対勢力には「恐怖政治」をもって対決した。暗殺をしたり正式の裁判なしに処刑をしたり、といった結果にもなった。例えば穏健な政治家であったロベスピエールは処刑されている。この「恐怖政治」に対決する王制派の反革命運動家は「白の恐怖」と呼ばれる活動を始めたが、これはナポレオン・ボナパルトによって粉砕されてしまった。

これら一連の出来事を宮廷社会の観点から眺めて見ると、すべてが宮廷社会の特徴そのものと正反対であることは誰の目にも明確である。アメリカの独立戦争とフランス革命が起って良かったかどうか、望ましいことであったのかどうか、などという問題をまったく抜きにし、客観的に考えてみると、西洋文明の中で起ったこれら二つの大事件は文明化の反転と逆行の始まりであったと言える。文明化の生き方を他人に強制し、専制政治の頂点に君臨していたルイ一四世などという人物にとっては、将来フランス革命などという出来事が起ることはとても想像できなかったであろう。

## アメリカで独立戦争が始まった理由

なぜこのような革命的な出来事が他の地域、他の国ではなく、アメリカの植民地とフランスで起ったのであろうか。それを理解するのは容易である。アメリカの独立戦争はヨーロッパの植民地の独立戦争として最初のものであるが、ここには二つの歴史的事実の組み合わせがあった。それは（一）植民地側として、イギリス国王の支配が過酷であったと痛感していたこと、そして（二）植民地の住民たちは啓蒙思想の影響を強く受けていたこと、である。

イギリス国王の過酷な課税は住民たちにとって確かに重荷ではあったが、これは世界的に見て例外ではなかった。どのヨーロッパの国でも、保持していた植民地に当然のこととして重税を課していて、イギリスも他の国々と全く同じことをしていたに過ぎなかった。古今東西を問わず、専制君主は例外なく重税を課して人々を苦しめている。しかしいくら苦しんでも、人々は運命的に考え、あきらめているのが最もよく見られる現象である。

しかしアメリカにあった植民地の場合はそうではなかった。啓蒙思想の考えが植民地にも広く浸透し、植民地の知識人たちはこの哲学をよく知っていた。そしてこの哲学が重税の苦しみを解決する手引きとなった。それには重税を課するイギリス王制を断固として拒否し、排除しなければならない、そして目的を達成するには暴力を使うしかない、と考えたのであった。別の表現を用いれば、植民地の知識人たちが啓蒙思想の哲学を知っていたためにこの決断をしたわけで、啓蒙思想というものが西洋文明の中に生まれなかったらアメリカの独立戦争は起らなかった、と断言できる。

## フランスで革命になった理由

フランス革命の場合には、(一)アメリカで独立戦争が起り、それが成功したこと、(二)宮廷社会がフランスで始まりフランスで最も発達したために文明化はフランスで極端になっていたこと、(三)啓蒙思想は主としてフランスで起り、フランスで発展したこと、の三つの理由があげられる。

ヨーロッパ各国の人々にとって、殖民主義と専制政治は至極当然のことと考えられていた時代に、アメリカが独立戦争を始めてイギリス国王の専制を拒否し、しかもそれに成功したことは前代未聞の衝撃的な大事件であった。それまでのヨーロッパでは、このような事が起るなどとは想像することさえできなかった。しかしこのような事件が実際に起ったことを知って、ヨーロッパ人たちも、自分たちが体験している圧制に対決する現実的な解決策の一つとして暴力を用いることを考えるようになった。特にフランス人は、自分たちの置かれている立場はアメリカ大陸の植民地の人たちと同じであると理解するようになった。

しかも極度に発達した宮廷社会のおかげで、フランス庶民たちへの文明化の圧力も極端であった。貴族階級で始まった礼儀作法、言語と動作の制限、怒りや反感を常に抑制させられる日常生活、争うことの禁止、などは次々と社会の下部まで浸透し、原則的にフランス社会全体が文明化されていた。そのために庶民は国王の専制と暴挙を黙って受け入れた生活を余儀なくさせられていた。文明化はフランスで始まり、それがヨーロッパの他の王国に広がり、フランスと同様に貴族階級から次第に下の階級にまで浸透していったわけで、フランスこそが文明化の源であり元祖である。文明化によって最も抑制された生活を強いられていたのはフランスの庶民であり、ヨーロッパの他の国々に比べると、フランスでの文明化への反発は潜在的に最も強かったと推察できる。従ってそれが実際にフランスで起り、革命として爆発してしまったのは容易に理解できる。

この起爆剤となった啓蒙思想もフランスで最も発達していた。思想史の歴史を眺めれば、デカルト、パスカル、ルソー、ヘルベティウス、ボルテール、ターゴー、コンドルセ、モンテスキュー、などなど、啓蒙思想を代表する思想家たちはフランス語で出版し、フランスを中心に活動していた。これら三つの歴史的事実、つまりアメリカの独立戦争の成功、極度な文明化、啓蒙思想の影響、の三つのうちの二つがフランスに最も明確に存在していたことを見れば、ヨーロッパ各国の中で、なぜ最初にフランスで革命が起ったか容易に理解できる。

アメリカの独立戦争とフランス革命を起こした、自由、平等、友愛（現在の民主主義に相当する）という三つの価値観はその後社会主義、共産主義、社会民主主義、という政治哲学の基盤となり、現在に至っている。現代西洋文明はこの三つの価値観とそれに基づいたこれら三種類の政治哲学によって支配されている、といっても間違いない。政党が公式にはどのような名称を持っていても、現在の欧米諸国では事実上この政治哲学に基づいた政治をしているわけである。

## 人間が生物であることに気がついた結果としてのロマン主義

啓蒙思想の影響のもとに、人々は自分たちが生物であることを理解し、それを受け入れるようになった。何よりも人間には感情というものがあり、幸福感、楽しみ、悲しみ、怒り、嫌悪、絶望感など、いくら抑制することを教えられていても現実には感じてしまうものである。これらの感情という反応が人間にとって当たり前のことである、と気がつくようになり、感情に基づいて行動するのも人間として当然のこととして受け入れるようになった。男女の間の恋愛、その結果としての歌、詩、求婚、さらには駆け落ちなどということが認められるようになった。これがロマン主義であり、文学と音楽が典型的な表現手段となった。パーシー・シェリーの書いた詩、そして彼の生き方そのものはロマン主義を明確に表したものといえる。音楽ではエクトール・ベルリオーズの幻想交響曲とヘンリエッタ・スミスソンへの強引な求婚、その結果の結婚、などが直ちに頭に浮かんでくる。

感情の表現がロマン主義の重要な要素であることは、人間の感情を抑制させた文明化に対する反発を明確に示している。感情は原始的な哺乳類の脳に関連しているもので、考え方によっては、新皮質による感情の抑制が減少し、その下層の脳の存在を認めるようになった、と表現できないこともない。感情を表現することそのものが望ましくないわけではない。しかし感情が人間を支配し、新皮質の活動の結果としての理性、客観性、計画性、などが抑制されてしまうことになれば、人間としてではなく、原始的な哺乳類として行動する危険も現われる。そしてこれは退行の危険性である。ロマン主義の台頭は退行の可能性をもたらしたわけである。

啓蒙思想の影響を受けた結果、人々は感情をあらわにできるようになり、喜びや楽しみの表現と共に、激怒や嫌悪も表現するようになった。これは暴力行為、破壊行為にもなり、その最たるものがアメリカの独立戦争とフランス革命であった。アメリカの植民地の人々はイギリス国王の専制と横暴、特に過酷な課税に激怒し、怒りは行動となって表現され、独立戦争に至った。イギリスの専制を拒否し、独立することを企て、戦争を始めたのが望ましいことであったかどうかは全く別問題である。要点は独立戦争という行為は感情の表現であり、これは啓蒙思想の影響にもとづき、極端な文明化現象の拒否である、という事実である。

これとまったく同じことがフランス革命についても言える。フランスの大衆は貧困、飢餓、不公平、圧制などに怒りを感じていた。怒りの感情が行動として実行され、革命となり、嫌悪の対象であった国王と王妃を処刑したわけである。この場合も原始的な哺乳類の脳が支配的となり、人々を行動させた、と言ってもそれほど間違ってはいない。

## 異国趣味の現われ

啓蒙思想の別の産物は西洋文明ではない、別の文化や文明に対する興味である。技術、特に航海手段の進歩によって、ヨーロッパ人にとってははるか彼方の異国的な文化、文明について知るようになった。アメリカ大陸、中国、インドなどはこのような異国趣味の対象となり、西洋とは異なった点を評価し鑑賞することを始めた。建築では新古典主義が現われ、これは一八世紀の末から一九世紀の半ばまで流行した。新古典主義はゴシックの様式を再現する興味のほかに中国、ムーア、インド、エジプトの様式を模倣することもした。当時建てられた西洋の宮殿や城にはしばしば「中国の」部屋というものがあり、その流行の程度がうかがえる。

ついでに付け加えておくと、このような部屋には中国から輸入された本物の壺や家具などが置いてある場合もあるが、室内装飾などは中国とは似ても似つかないものであり、漢字を模倣した全く判読できない字などが書いてあることもしばしばである。中国と日本の区別もつかず、純然たる日本の陶器なども「中国の」部屋に置いてあったりする。正確な知識のなかった当時とすればやむを得ないとも言えるが、実は西洋の東洋に対する知識は現在でもこんなものである。

西洋文明圏に隣接していたり、文明圏の中に見うけられるものの、西洋人ではないエジプト人、トルコ人、アラビア人、ジプシーたちの文化、文明に対する興味の結果、彼らも文学や音楽で取り上げられるようになった。「エジプト風」、「トルコ風」、「アラビア風」、「ジプシー風」などの音階やメロディーがクラシック音楽、特にロマン派の音楽にしばしば現われるのは衆知のとおりである。その後ヨーロッパ、特にフランスとイギリスで日本の浮世絵が印象派の絵画に多大な影響を及ぼしたこともよく知られている。

このような異国趣味を学問的に研究する地理学、民族学、人類学、民俗学などの学術分野も現われ始めた。一六世紀以来のこのような学術的興味、素人の好奇心、貴族や裕福なブルジョワたちの趣味、などが重複した結果、西洋と西洋以外の文化、文明との類似点と相違点に気がつき始めた。

## 「文化の相対性」の考え

異国的なことに対する反応は決して一様ではなかった。現在の感覚から見れば明らかに「人種主義的」な見解もあった。しかしここで興味のある点は、世界各地に生きているいろいろな人々の間には確かに違いはあるものの、本質的には似かよった心を持っている、同じように考える、といった解釈がかなり一般的であったことである。少なくとも人類学ではこれは広く受け入れられていた考えであった。これが「文化の相対性」という考え方であり、文化、文明の違いは生きてゆくために考えられるいろいろな可能性のうち、どれを選ぶかによって起る違いである、従ってどれが正しくてどれが間違っている、などということは断言できない、という主張である。単に文化、文明が異なるからといって、どれが良くてどれが悪い、という価値観を入れた評価をしてはいけない、というのが「文化の相対性」の考え方であった。

これは古代エジプト、インド、中国などの文明に対してばかりではなく、アメリカ大陸のインディアンたちの文化についても言えたことで、ルソーが言うところの「高貴な野蛮人」の考えであった。未開であることは悪いことではないばかりか、文明化された西洋には失われてしまった、郷愁をもたらすような生き方と見なされた。そしてインディアンのように自然に囲まれて生きることはすばらしいことのように感じられた。

このようにして文化の相対性とロマン主義のつながりができあがった。これがゴーギャンのタヒチであり、ロングフェローのハイアワサであり、バルフの『ボヘミアン・ガール』などの作品となったわけである。未開とまではいかなくとも、洗練されてはいない単純さは宮廷社会の影響の下で発達してしまった文明化の窮屈さ、自由のなさと正反対の生き方を示してくれたことになった。場合によっては自由や平等が実証的な根拠なしにこのような文化に一様に存在したものと見なされ、マルクスとエンゲルスの議論はその一例である。

## 殖民主義の発展

これら三つの啓蒙思想のもたらした結果の他にも、全く別の形で西洋の文明化を反転させ、逆転させる大変重要な歴史的進展があった。殖民主義である。

殖民主義は西洋文明史上起ったいくつかの歴史的事実から理解されるべきものである。第一に、ルネッサンス以来絶えず進歩を続けた技術のおかげで、ヨーロッパ人は世界各地に進出し始め、植民地を形成するようになった。ここで技術とは主として航海の技術と軍事力であり、この二つがあることによってヨーロッパ人は南北アメリカ大陸、アジア、大洋州、アフリカに入りこみ、占領し、軍事力をもってそれを保持拡大することができた。

第二に、貴族階級が没落し、ブルジョワ階級が近代的な資本主義にもとづいた勢力として台頭したことによって、ヨーロッパの経済の基盤が変革してしまった。少なくとも初期の段階においては、ヨーロッパの資本主義は世界各地の原材料を手に入れ、処理し、それをヨーロッパでの産業に利用することをしていた。

第三に、啓蒙思想の特徴の一つは、人間は進歩をするという信条であったが、この信条が世界に異なった人々が存在し、異なった文化、文明が存在することを身勝手に説明する方法として悪用されることになった。人々が皮膚の色や身体の形態などで異なるのは進歩の異なった段階にあるため、と説明されるようになり、ヨーロッパ以外の世界は進歩が遅れた人々がいるところ、と考えるのが当たり前のようになった。進歩が遅れたこのような人々はヨーロッパ人に比べて知能程度も低いとされた。一九世紀半ばにダーウィンの進化論が発表され、大反響を呼び、これをよく理解できない一般のヨーロッパ人にとっても世界の人種が異なった進化の段階を示しているもの、という解釈を至極容易に受け入れることができた。

## 殖民主義の結果

この社会思想は少なくとも二つの結果をもたらすことになった。その一つは、お節介なことであるが、ヨーロッパ人は進歩の遅れた人々を意図的に助けてやり、進歩させるべきだ、という主張をし、その行動をとるようなこともした。具体的には、これはほとんどの場合キリスト教を布教し、本来の文化を改めさせ、西洋式の生活をさせることであった。もう一つは、このように遅れて知能程度の低いとされた人々を奴隷にすることであった。これら二つの現象は、事実上殖民主義の一環として実行され、殖民主義を正当化することになった。

ここでいくら強調しても強調しすぎない点は、奴隷制度の実行は西洋の反文明化を現実のものとし、それを継続させ、二〇世紀の半ば頃の時点からは西洋文明そのものを崩壊の危機にまで持ちこんだ結果を作ってしまったことである。西洋の奴隷制度の合法化と正当化は西洋文明の終焉の始まりとなった。

勿論、奴隷制度は昔から多くの文明に存在していた。現代西洋文明に直接関係のある過去を見ても、古代エジプト、古代ギリシャ、ローマ帝国にはすべて奴隷が存在し、ヨーロッパそのものの中にも事実上奴隷のような農奴や年期奉公があり、ヨーロッパからアメリカへの移民の多くも奴隷同様な契約によったものであった。日本史を調べてみても同様で、日本人を奴隷として海外に売りさばいていたポルトガル人が、秀吉になぜそのようなことをするのか、と問い詰められると、日本には奴隷がいるのだからその奴隷を海外に売るのがなぜ悪い、と逆に反論した記録がある。アメリカの原住民の文化にはいろいろあるが、その一部には奴隷が存在した。アフリカにも奴隷が存在していて、ヨーロッパ人たちが手に入れたアフリカ奴隷の多くはすでにアフリカで奴隷であった。奴隷制度は何も西洋文明に特有のものではなく、人類にとって珍しくない現象なのである。

## 殖民主義の結果としての奴隷制度

それではなぜ西洋の奴隷制度が西洋を反文明化させ、更には西洋文明そのものを崩壊させるようになったのであろうか。筆者が特に強調したい理由は二つある。それは（一）アメリカという国の中で発生し発達したアフリカ系住民の下位文化、（二）ヨーロッパ系住民がそれを理解するようになりアフリカ系住民と同一視をするようになったこと、である。ここで特に注意すべき点は、これら二つのうちの一番目だけがアメリカで起ったとしたら、西洋の反文明化は始まらなかったことである。これら二つがアメリカで発生し組み合わせになって反文明化が現実のものとなった。これは本書で最も重要な点であるのでここで詳しく説明したい。

一六世紀から一九世紀の西洋文明の奴隷すべてとは言えないものの、そのほとんどはアフリカから連れてこられたアフリカ人であった。そのため、このようなアフリカ人とその子孫が西洋文明に及ぼした影響は無視できないばかりか、西洋そのものを根本的に変革させてしまう結果をもたらした。奴隷問題はいろいろの観点から取り上げることができる。経済学、社会学、史学など、学術分野の違いによっていろいろの解釈もありうる。しかしこれらの違いを考慮に入れても、すべてに共通して言えることが一つある。それは自由のないことである。

厳密に言えば、自由には二種類ある。哲学者は通常これを「正の自由」と「負の自由」と表現している。簡単に説明すると、「正の自由」とはしたいことをする自由であり、「負の自由」とは他人の行動を好ましくないと感じたとき、それを避ける自由である。具体的な例をあげると、喫煙者がところかまわず、いつでもどこでもタバコを取り出して吸い始めるのは正の自由を主張しているのであり、これを拒否し、これを避けよう、逃れようとする人は負の自由を主張しているのである。現代社会の中の一員として多くの他人と共に生きてゆくことを余儀なくされると、我々はタバコ公害、騒音公害、土地、水、空気の汚染などに悩まされる。これを避けることができなければ負の自由は存在しない。その反面、喫煙者の立場から見れば、喫煙が制限され、いつでもどこでもタバコを吸うと罰せられることになれば正の自由がない、と痛感することにもなる。今の世の中ではほとんどの人は官庁や会社などの官僚組織の中で働くが、どの官僚組織でも正の自由も負の自由もない場合が多々ある。

しかし奴隷であることは異様な状況である。正の自由も負の自由も全く存在しない。自分の一生の運命は始めから終わりまで、既に他人によって決定されている場合がほとんどである。これはアフリカ奴隷の歴史を簡単に振り返ってみれば誰にでも容易に理解できる。

## アフリカ奴隷の入手方法

多数のアフリカ人が奴隷としてアメリカ大陸に送りこまれた歴史についてはすでに多くの学術的な研究がある。ここではその中でも数多くの歴史的文書に基づいた、信憑性の高いフィリップ・S・フォナーの研究から引用させていただく。

ヨーロッパとの頻繁な接触が始まる以前のアフリカでは、ほとんどの地域で奴隷が存在していた。一般的に奴隷は戦争の結果の捕虜であった。場合によっては負債のためや犯罪を犯したために奴隷となった。船に乗ったヨーロッパ人たちがアフリカの侵略と殖民を始めたとき、最初は運悪く近くにいたアフリカ人を捕まえたり、海岸近くの村を襲撃して村民を捕まえたりして奴隷としていた。しかしアフリカ人たちがこれに反撃したため、奴隷売買の組織ができあがり、アフリカの内陸地から奴隷を手に入れる方法に変っていった。

アフリカの族長や村長などにヨーロッパ製の鉄砲を渡し、敵対関係にある他の部落に対して優勢の立場にさせ、勝って手に入れた捕虜を奴隷として受け取る、という取引の契約もするようになった。この方法を用いることによって、ヨーロッパ人たちは奴隷を捕まえる手間を省くことができ、しかも多くの奴隷を安定して入手できるという利点があった。アメリカ大陸に送り込まれた奴隷たちのほとんどは現在セネガル、ガンビア、ギニア、マリ、シエラ・レオン、ガーナ、ベニン、ナイジェリア、コンゴ民主共和国となっている地域からであった。

どのような事情で奴隷になってしまったかという理由に関係なく、この犠牲者は何段階もの苦痛を体験させられた。まず自分の家族、部族、村落、生まれ故郷、文化との縁が切れてしまう心の痛みがある。その後、移動をさせられる身体的な苦痛がある。奴隷の一部はセネガル、ガンビア、プラ、ニジェール、コンゴなどの河を利用して運搬されたが別の奴隷たちは徒歩で移動させられた。ある記録によれば、一四人の奴隷が七人ずつの二つの組として移動させられ、各奴隷はそれぞれ腰のまわりに竹の輪がつけられ、これに太いひもで手が縛り付けられていた。一組七人の奴隷はそれぞれお互いにひもでしっかりと結び付けられていた。更に首でもお互いに結び付けられていた。この状態で何マイルも徒歩で移動させられた、とある。

## 「二番目の航路」

海岸までたどり着くと、アメリカ大陸までの船を待つことになり、ここでもお互いにつながれたままであった。船に乗せられる前に、性別に関係なく頭のてっぺんから足の先まで厳密に調べられ、値をつけられ、売られた。その後赤く焼けた鉄で胸に焼印を押された。

これでもまだ地獄の序の口であった。この後によく知られた「二番目の航路」と呼ばれたアメリカ大陸への船旅があった。当時アフリカ、アメリカ大陸、ヨーロッパの三大陸の間で三角貿易が行われていたが、奴隷貿易はそれに含まれており、アフリカからアメリカ大陸までの二番目の航路で奴隷が運搬されたため「二番目の航路」と呼ばれたわけである。アフリカで乗せた奴隷の三分の一が生きてアメリカ大陸に到達すれば、かかった費用の二倍から三倍の儲けを得ることになった、と推定されている。このようなうまい話であれば、当然のこととして奴隷業者はできるだけ多くの奴隷を船に詰めこんで運搬していた。船はスペースを無駄にしないように建造されていて、船によっては床と天井の距離は一八インチ（約四六センチほど）しかなかった。奴隷一人のスペースは長さが五フィート半（約一メートル六八センチ）、幅が一六インチ（約四〇センチ）、というのが平均的な数字であった。

この状態では排泄をするのも容易でない。バケツが置いてあったがバケツが近くになければ使用できず、居た所でそのまま排泄をしていた。女性は女性同士でつながれて別の場所に収容されていたが女性の一部はすでに死亡していたり、出産したりする場合もあった。死亡した奴隷はそのまま海に放棄された。伝染病をもっていると疑われた奴隷も同様に生きたまま海に投げ捨てられた。

奴隷たちが反乱を起こしたり、自殺を試みることもあった。よくある自殺の方法は食事を拒否することで、これに対処するために口を無理にこじ開ける道具が発明され、リバプールやロンドンで売られていた。食事を拒否する奴隷の口のすぐそばに赤く熱い石炭を近づけて威嚇する方法も用いられた。

## 『モイニハン報告書』

古今東西の違いに関わらず、奴隷の人生は苦痛に満ちたものであり、アフリカ奴隷の場合も例外でない。ヨーロッパ人にとって、殖民主義と人種主義の産物の最たるものと言える奴隷制度は良心を咎める歴史的事実であったにもかかわらず、アメリカでのアフリカ奴隷としての実態は、長い間社会学や人類学で真剣に調査研究されていなかった。常識として知っていた事実以上に悲惨な事実をさらに掘り起こす可能性を恐れていたのかもしれない。この問題が真剣に取り上げられるようになったのは一九五〇年代の末から六〇年代の始めにかけて、アフリカ系住民の間で始まった公民権運動の後であった。そして中でもダニエル・P・モイニハンが書き一九六五年に出版された、いわゆる『モイニハン報告書』が有名である。

モイニハンはアメリカ社会の中でアフリカ系住民が生きてゆく難しさを調査し、問題は家庭にあるという結論を出した。モイニハンによれば、アフリカ系住民たちは過去の奴隷経験のためにまともな家庭生活ができなくなり、これが問題の原因であった、このため人生というものが構造的に破壊されてしまい、「病理的なもつれ」の状態ができあがってしまった、と説明をした。この報告書はアメリカ国内で論争を巻きおこし、アフリカ系住民が常に直面している、アメリカ市民として生きてゆくことの困難さをいわば初めて取り上げたことになった。

モイニハンの報告書は、アメリカ社会学ではすでによく知られていた二冊の本の考えを大体において踏襲したものとなっている。その一冊はE・フランクリン・フレイジアーのものでもう一冊はスタンリー・エルキンスの書いたものである。どちらもアフリカ人の奴隷時代から奴隷解放後までについての基本的な文献と見なされていた。フレイジアーは、奴隷制度はアフリカ人の持っていたアフリカ文化の過去を完全に払拭してしまい、全く別の人々を作り上げてしまった、と考えた。母親中心の家庭、いいかげんな性関係、親が子供の監督をしない、しつけをしない、などという結果をその例としてあげている。エルキンスによれば、アフリカ人は奴隷制度を体験したことによって心理的にひどい傷害を受け、その結果子供のような人格を持つようになった。

モイニハンの報告書の刊行と、その結果始まった論争の影響を受けて、その後多くの本が出版されたが、その中で特に二冊の本に言及したい。その一冊はロバート・ウイリアム・フォーゲルとスタンリー・L・エンガーマンの著書で、もう一冊はハーバート・G・グットマンのものであり、どちらも高い評価をうけた学術的研究であり信憑性も高い。どちらの本もアメリカに連れてこられたアフリカ奴隷たちが実際にどのような体験をし、どのような生活をしていたのか客観的に示している。

フォーゲル、エンガーマン、グットマン、その他の研究者は、歴史的文献から検討するとモイニハンの主張は正しくない、と言い出した。グットマンによれば、アフリカ系アメリカ人家庭の病理的とされている現象は奴隷制度が作り出したものではなく、フォーゲルとエンガーマンは「子供のような」とされる人格の信憑性を疑問視した。別の研究者、ワイアット・ブラウンもエルキンズの考えを支持せず、名誉を傷つけられた感情がアフリカ系アメリカ人特有の人格形成を理解するための大事な要素であると主張した。

## 奴隷生活の実態

ここで一番重要なことは、事実はどうであったのか当時の文献を調べることである。奴隷たちの生活についての歴史的文献を検討した結果、フォーゲルとエンガーマンはほとんどの奴隷は家族生活をしていたと述べている。一軒の家に数家族が一緒に住む場合もないわけではなかったが、これは明らかに例外であった。南北戦争前の典型的な奴隷の家は大体一八フィートと二〇フィート（約五メートル半と六メートルほど）の大きさで部屋が一つか二つあった。これは奴隷ではない、当時の自由な労働者の住居とほぼ同じであった。

奴隷たちが働かされた大農場の管理には二種類の方法が用いられていた。その一つは農場でまとまって作業をする時の組織、もう一つは家族であった。家族の存在は奴隷たちを働く気にさせるのに役に立った。強い絆をもった家庭があれば、奴隷が逃亡してしまう危険性を少なくすることができたのである。そのため各奴隷家庭は事実上家を一軒所有し、家具、衣類、家庭菜園、家畜少々を所有することを認められていた。これは奴隷家庭が経済的に安定することにも役だった。安定した家庭生活は奴隷人口を増やす効果ももたらした。

家庭生活を強調するのは、農場所有者たちのビクトリア朝的な、保守的な価値観に基づいたものであった。奴隷たちの性行動は推測されるほどには乱れたものではなかった。ほとんどの女性は特定の一人の夫と一緒に生活し、生んだ子供は同じ夫を父としていた。最初の出産時の平均年齢は比較的に高く、これから推定しても幼いときからの乱れた性行動は一般的ではなかったと考えられる。

父親不在の家庭が一般的ではなかったのかという推察も歴史的資料とは一致しない。例えば、少なくとも一八五五年から一九二五年のニューヨーク州バッファロ市の統計によれば、八二パーセントから九二パーセントのアフリカ系家庭では両親が子供と一緒に同じ屋根の下で生活をしていた。

一般に信じられているもう一つの誤りは、奴隷たちは皆農場で農作業をしていた労働者で、持ち主に絶えず鞭打ちされながら働かされていた、という点である。これは間違いで、大農場では手工業や地位の低い事務職はほとんど奴隷によって占められていた。奴隷が地位の高い管理職についていた、という記録も残されている。農業全体で見ると、男性の約七パーセントが事務的または管理職的な仕事、一一・九パーセントは鍛冶屋、大工、桶屋などといった技能職、七・四パーセントは馬車の御者、庭師、執事、召使などの仕事をしていた。女性の奴隷の場合、約八〇パーセントは農場で働いていた。つまり奴隷社会といっても、現実には当時のアメリカ南部の社会と同じように職業による分化と階層があったわけである。

大農場や中規模の大きさの農場では、年配の奴隷が看護婦として常時働いていた。農場の多くには助産婦もいた。医師も定期的に農場を巡回し奴隷の診察をしていた。場合によっては、農場主が医療の対象となる人間の数に従った費用を払う契約を前もって特定の医師とかわしていた。このような契約の場合、通常奴隷たちと奴隷の主人の家族全員が対象となり、医師が訪れた折にはこれらの人々すべてが検診されていた。

国勢調査によれば、妊娠の結果の死亡率は二〇才から二九才の奴隷の場合〇・一パーセントであった。奴隷の平均寿命は特に短くはなく、フランスやオランダといった当時の先進国の平均寿命と同じであった。しかも当時のアメリカとヨーロッパの都市労働者の平均寿命よりは長かった。

## 奴隷人生の苦痛

『モイニハン報告書』の刊行で始まった論争の結果、現在では解放以前の時点でのアフリカ奴隷の実態をより実証的に知ることができる。多くの人々にとってはアフリカ奴隷の実態は意外に感じられるかもしれない。奴隷の生活、奴隷の人生は思ったより悪くはなかった、といった印象を受けるかもしれない。多くのヨーロッパ人たちも農奴や小作人として事実上奴隷と同じような惨めな人生を過ごしていたし、年期契約でアメリカに渡ったヨーロッパ人の場合もやはり奴隷と同じといってよかった。この見解は正しくもあり、正しくもない。

アフリカ奴隷の場合、ヨーロッパ人が体験しなかった特有の苦悩があったと言える。アメリカ生まれでないアフリカ生まれの奴隷たちは、例外なく連れてこられる苦痛を体験させられ、「二番目の航路」は生き地獄の苦しみそのものである。そしてアメリカでの生活にも奴隷特有の苦痛があった。例えば奴隷が売り飛ばされて別の持ち主の手に渡る時、しばしば強制的に配偶者から離されることがあった。ミシシッピー州では一八六四年と一八六五年に、夫の一九パーセント、妻の一六パーセントが配偶者が売られていったために別れなければならなかった。これは強制的に別れさせられた夫婦についてだけの数字で、この他にも別れる苦痛を体験させられた子供、親族、友人などもあったわけである。子供だけが売りとばされる家庭もあったがこれについての数字はない。当時の奴隷としては、一度別れたら一生のうち再び会えることはまずなかった、と言ってよい。

この種の苦痛を記した記録もある。ある女性は夫が強制的に売り払われ別れさせられたが、思いがけなく一八六三年にこの夫と再会した。その時点では二人とも再婚していてこの女性はその体験を次のように描写している。「死に打ちのめされたような気がした。二人でお互いの腕の中に飛びついて抱き合い、泣いた」(Gutman 1976,p.149)。売り飛ばすと言って脅すのが奴隷を操る一番効果的な方法で、言うことをきかない奴隷は繰り返し繰り返し売られていった。

奴隷であるために生ずるこのような苦痛の体験は集団としての体験となり、心理的な衝撃となり、奴隷たちの人格に多大な影響を及ぼした可能性は充分に推察できる。そしてこの集団としての体験が語り伝えられ独特の下位文化を形成する基礎となったことも充分に考えられる。これは現在のゲットー文化を理解するための重要な鍵である。

## アフリカ系住民の北部への「大移住」

『モイニハン報告書』刊行後の論争の結果、ある程度の意見の一致が見られる。それは現在アフリカ系アメリカ人の抱えている問題は奴隷の過去によるものでなく、むしろその後都市で生活することによって発生した、という見解である。そして特に一九七〇年代の始めからの社会変化が重要視されるようになった。これは次のように要約できる。

奴隷制度が廃止され、奴隷が解放された後、アフリカ奴隷たちはアフリカ系住民となり、大体において以前と同じように南部の田舎に住んでいた。しかしアメリカが産業化されるにつれて変化が起るようになった。一八九〇年代になると、これらのアフリカ系住民は産業化された北部の都市への移住を始めた。その後の七〇年から八〇年の間に彼らはイリノイ、ニューヨーク、ペンシルバニア、ニュージャージー、インディアナ、ミシガン、カリフォルニアなどの州の大都市に住みつくようになった。第一次世界大戦はこの傾向に拍車をかけ、この南部の田舎から北部の大都市への移住は「大移住」と呼ばれている。

この現象が起った理由は二つあった。その一つは、ヨーロッパからの移民が減ったこと、もう一つは南部の労働力を利用しようと北部が募集するようになったことで、これはすでに一九一五年に始まっている。その結果、一九二〇年代には北部の都市のアフリカ系住民は四六パーセントも増加した。大恐慌になると、土地を持たない南部のアフリカ系住民も都市に流れ込むようになった。その後第二次世界大戦となり、北部には仕事の可能性があったことも更に刺激となり、南部から北部への移住が続いた。一九五〇年には、アフリカ系住民の六二パーセントは都市に住んでいた。

北部の都市に住むようになったアフリカ系住民は、常に差別されて生きてゆかなければならなかった。差別が人種のためであったのか、貧乏であったため差別されたのか、などということはあまり関係ない。職を求めても住居を求めても極度の差別を受けたのは事実であった。

## ゲットーの発生

ここでぜひ注意しなければならない点がある。それはこの差別の体験はそれまでの南部の生活にはなかったことであった。北部に移住する前のアフリカ系住民は、南部の田舎の小さな町や村で比較的孤立して生きていた。このような町や村は人種的に孤立をしていた場合が多く、その意味では均一であり、人種的な接触はあったにしても比較的に限定されていた。つまり奴隷から解放され、北部に移住することによって、それまで存在しなかった新しい種類の苦痛が発生してしまったのである。住居で差別されれば住めるところに住むしかない。そのために北部に移住したアフリカ系住民は、大都市のある特定の地域にまとまって住むようになった。このようにしてゲットーが発生したわけである。

ゲットーというのは、元来中世のヨーロッパでユダヤ人が隔離され、そこで生活することを強制された特定の地域を指していた。しかしこの言葉の意味がその後変化し、現在のアメリカでは大都市のアフリカ系住民の住んでいる地域を指す用語として使用されている。ゲットーに住んでいること自体は必ずしも病理的であるとは言えない。アフリカ系の社会学者でゲットーの事情に詳しいウイリアム・ジュリアス・ウイルソンによれば、一九四〇年代と五〇年代のハーレム（ニューヨークのゲットー）や他の大都市のゲットーでは、熱い夏の夜は公園や建物外部の非常階段や屋根の上で平気で寝ていた。ゲットーは安全であり、街の酒場やナイトクラブに行っても危険ではなかった。当時、そして一九六〇年代でも、ゲットーは比較的独立していて連帯意識のあったアフリカ系だけの世界であった。そのためにアメリカ社会そのものと同じように、アフリカ系だけの階級組織があり、いろいろな階級のアフリカ系住民が同じ商店で買い物をし、同じ施設を利用し、子供たちは同じ学校に通っていた。

ところが一九六〇年代から本格的になったアフリカ系住民の公民権運動の成功は、皮肉にもゲットーの問題を作り出してしまったのである。アフリカ系は以前より自由に他の場所に引越しをできるようになり、その結果、医師、教師、弁護士、福祉の職員、牧師、なといった中流の家庭がゲットーを去っていくようになった。その後は定職をもった労働者の家庭もやはりゲットーから引越しをしていった。極度の偏見と差別のためにアフリカ系の人々がゲットーにしか住めなかった時代には、中流家庭や定職をもった労働者家庭はゲットーの指針となり、してよいこと、してはいけないことを明確にする役割を持っていた。しかしこのような家庭が引越してしまった結果、一九七〇年代以来、ゲットーに残っているのは教育程度が低く、失業率が高く、福祉の世話になり、犯罪をおこすような人々がほとんどとなってしまった。これが公民権運動の成功が生み出した、それまでになかった形のゲットーという社会問題なのである。

## 苦痛の下位文化の形成と発展

アフリカ系アメリカ人の歴史がアメリカ社会にどのような影響を及ぼしたかを考えると、三つの大変重要な点に気がつく。第一に、アフリカ人たちが最初は奴隷として、解放後は公民権を持たない単なる住民として、そしてその後は公民権を認められたアフリカ系アメリカ人として生きてきた苦痛はその下位文化の形成に大きな影響を及ぼしたのは疑いない。

下位文化という用語は本書の中ですでに何度も用いられているが、誤解をさけるためにここで改めて説明をしておく。下位文化とは英語のサブカルチャーの訳で、ある文化の中の一部の人たちだけの特殊な文化という意味であり、上下、優劣、善悪、などという評価はまったく入っていない。特殊な人たちだけの、門外漢には分からない文化と表現してもよい。例えば上流階級、物理学者の学会、指揮者の世界などもそれぞれ下位文化と見なすことができる。

この定義でわかるように、ゲットー文化は間違いなくアメリカ社会の下位文化である。ゲットー文化には独特の世界観、哲学、生き方、があり、アフリカの文化をアメリカに移植したものではない。ゲットー文化は集団で堪えた苦しみを要約したものである。

第二に、一八九〇年頃から一九七〇年頃まで、いろいろの階級に属するアフリカ系住民がゲットーに住むことをよぎなくされていた結果、ゲットー文化は隔離された下位文化として発展する可能性があった。そしてこのような下位文化を作り上げる基礎は何世紀にもわたって集団で苦しめられた苦痛の体験であった。勿論このような下位文化を形成することは奴隷時代にも可能であったが、当時のアフリカ系住民は原則として農場に住み、家族単位の孤立の生活をしていた。その結果多数の人々が頻繁に接触する機会も少なかった。従って下位文化の形成はゲットーの成立後に本格的になったと言える。

第三に、公民権運動が始まり、それが成功し、中流家庭と定職を持った労働者の家庭がゲットーを去りアメリカ社会の主流に流れ込むようになると、アメリカ社会全体としてゲットー文化の特異性を知り、評価するようになった。これらの三点を次の章でとりあげたい。

# 第五章　アメリカで起った退行と同一視

アフリカ系住民の歴史から見て、アメリカ社会そのものに決定的な影響を与えた三つの大きな出来事は（一）奴隷の過去と解放後のアメリカでの差別、（二）それに基づいた特異な下位文化の形成、（三）そのゲットー文化と呼ばれる下位文化が次第にアメリカ社会全体に浸透していったこと、である。現在一般に受け入れられている社会学的な解釈では、ゲットーの社会問題は奴隷の過去が直接の原因ではない、とされている。しかしこれは奴隷の過去の体験がその後形成されたゲットー文化とは無関係である、ということではない。アフリカで奴隷としての体験が始まって以来、アフリカ人にとっては苦痛の連続であったことは明らかであり、それがこれらの不幸なアフリカ人たちの考え方、世界観、人生観、人間関係などに多大の影響を与えなかったとは信じられない。奴隷の体験はそれ特有の人格形成につながるであろう、ということも考えられる。これは家庭内の親子関係にも影響するわけで、配偶者や子供、親族、友人たちと強制的に別れさせられる、それに反抗すれば繰り返し転売される人生になる、といった生き方を強いられていれば、それが将来それ相応の独自の下位文化形成の材料となる、と考えるのは当然である。

## 苦痛の社会

それではこの苦痛がどのようにして独自の下位文化になったのであろうか。この点を理解するには奴隷解放後に比較的孤立して存在していたアフリカ系住民の社会を調べるのが最良である。衆知のごとく、ジャズ、ブルース、ゴスペル、リズム・アンド・ブルースなどは、南部と北部の隔離された環境で発生し発達した典型的なアフリカ系アメリカ人の音楽である。しかし残念ながらこの下位文化の発生についてはあまり詳しく判っていない。

この問題についての学術的な研究として、一九四五年に刊行されたセントクレア・ドレイクとホラス・ケイトンの本が知られている。この本の中で「ブロンズビル」と仮名されたアフリカ系住民の孤立した閉鎖的な社会が分析されている。それによると「ブロンズビル」はアメリカの一部ではあるものの、そこにはアメリカの主流文化とは異なった独自の文化と慣習がある。心理的にはアメリカの主流社会から隔離されているが、それと同時にアメリカ各地のアフリカ系住民全体と共通した下位文化を持っている。差別のため住民たちは無力感を感じている。

独自の下位文化を持った社会を研究する場合、いろいろな方法がある。統計を主にしたり、家族生活、経済、人間関係、宗教など、ある特定の面を研究することもできる。しかしアフリカ系アメリカ人の下位文化の独自性はその考え方、物の見方、感情の表わし方にあると思われるので、その集団としての共有の心理を理解するのが最適である。ゲットーに見られる共通の心理を理解することがアフリカ系アメリカ人たちを理解する鍵である。

この目的に添った研究としてアブラム・カーディナーとライオネル・オベジーという二人の精神科医による本が興味ぶかい。カーディナーとオベジーは、人々がある特定の社会に住み特定の文化を持っている場合にはその人々に共通の人格があると仮定し、その観点からアフリカ系アメリカ人共通の人格を描写している。それによると、差別のために人格が欠損したものとなり、差別の現実に適応して生きてゆくために自身を低く評価するようになる、しかしその心理が反転されて攻撃的な意識をもつ、この攻撃したい感情を自由に表現できないのでうつ病になる、という分析をしている。

しかしこれで一連の心理反応は終りにならない。この心理状態に対処するため、いろいろな補償をするような行動をする。例えば派手すぎる衣服を着たり、酒や麻薬に頼るようになったり、賭博に熱中したりする。(これと同様な分析をした研究は他にもあり、例えばワイアット・ブラウンも似たような結論を出している。）そして自分自身さらには自分たちのグループであるアフリカ系の人々を嫌悪するようになる、とも述べている。この広い意味での自己嫌悪という心理反応は社会の中の少数派にしばしば見られる現象であり、筆者もこの見解に同意する。もう一つ追加をしておくと、カーディナーとオベジーはアメリカ社会主流のアメリカ人を攻撃者と見なし、その攻撃者と同一視をしている、と考えており、これも筆者の見解と一致する。

アフリカ系の人々がたえず偏見と差別の環境にかこまれて生きてきたのは事実であり、これに心理的に反応し、その結果ある特別の人格形成がされた、と仮定するのは適切であると思われる。比較的孤立したアフリカ系住民だけの社会の中で、人々の多くが似たような反応をし、似たような人格を持つようになれば、そこでの下位文化は偏見と差別の体験を基礎としたものである可能性が高い。文化というものが広い意味での環境に対して反応した結果形成されたものと考えれば、アフリカ系住民の下位文化は差別と偏見によって形成されたものと見なすことができる。

自己嫌悪と攻撃者との同一視という二つの心理反応はアフリカ系アメリカ人に限定された現象ではなく、ナチスの強制収容所に入れられたユダヤ人に見られた現象でもある。そして実はどちらも日本の文化に繰り返し見られる現象で、二一世紀の日本に大変顕著に見うけられる。このような他のデータから推察してもわかるように、この種の心理反応は特に異様なものではなく、人種や文化にかかわらず、多くの人たちが同じような立場におかれれば、同じような心理反応をすることを示している。

## 退行を強制されたアフリカ系アメリカ人

ここですでに述べたケント・G・ベイリーの進歩と退行の理論を思い出していただきたい。この理論は、人間はどんな状態におかれたら退行するかを実証的に説明しているが、アフリカ系アメリカ人たちは丁度その退行する条件をたえず体験しながら何世紀も生きてきて、その結果退行した、という可能性が高い。もっと正確に言えば、奴隷制度と差別の体験は好んで選んだものではなく、強制的に押しつけられたものであるからこれは「体験した」のではなく「体験させられた」のである。そしてその結果の退行も好んで選んだものではなく、好むと好まざるとに関わらず、いわば人間のいとも自然な反応として起ってしまったのであるから「退行した」のではなく「退行させられた」のである。

この押しつけられた退行の始まりは、アフリカの生まれ故郷、家族、親族、友人から離され、奴隷としてつながれたまま長い距離を歩かされ、売買され、烙印を押された時点であろう。その次は生き地獄そのものであった「二番目の航路」であり、このような体験をさせられれば誰でも退行する。この体験そのものはアフリカから連れてこられた奴隷たちだけに限られ、アメリカで生まれたアフリカ系住民は体験しなかったわけである。しかし最初の苦痛がその後形成されたアフリカ系住民の下位文化にまったく影響しなかった、と考えるのはむずかしい。しかもアメリカ生まれの子孫もたえず差別と偏見の生活を強いられてきているため、これだけでも退行させられる充分の条件である。

退行させられると新皮質は充分に機能しなくなる。その代りに原始的な哺乳類の脳、さらには爬虫類の脳が活動的になる。この下部の二層の脳が考えと行動を支配するようになる。退行を強制されることは、人間ではなく原始的な哺乳類や爬虫類の動物として生きることを強制されることになる。アフリカ奴隷とその子孫がおかれた立場はナチスの強制収容所に入れられたユダヤ人と全く同じである。強制収容所の生活が長くなった囚人は退行し、子供のようになってしまった者もあった、と記録されている。アフリカ人の場合もユダヤ人の場合も、いやおうなしに退行する状態におかれ、その結果退行させられたのである。

考えようによっては「二番目の航路」の生き地獄を体験した奴隷たちでも、アメリカの農場での生活を始めた後には家庭生活を持てる可能性もあり、以前よりましの生活に戻れたのではないか、その結果、少なくともある程度は新皮質の機能も回復し、退行していた心理状態も人間的になれたのではなかったのか、という推測も可能である。これは実証的な資料がないかぎり肯定も否定もできない。しかし理論的に考えればその可能性はあまりない。その理由は二つある。

第一に、ベイリーの主張するように、退行と反対の状態である新皮質を支配的にすること、つまり進歩は、退行よりはるかにむずかしい。これは意識して努力しなければならず、一度退行してしまった後であればなおさらである。第二に、「二番目の航路」を体験させられた奴隷たちが、もし生まれ故郷に戻ることができ、家族、親族、友人などとの昔の人間関係に戻ることができ、生まれ育った文化の中で生きることができたら、退行から進歩への回復は可能であったかもしれない。しかし事実はそうではない。一度アメリカに連れてこられた後、奴隷たちは各地の農場の全く異なった環境におかれ、そこで一生を終えたのがほとんどであった。これは更に別の退行させられる要素である。

フォーゲル、エンガーマン、グットマンなどの研究によって示された奴隷の人生は、比較的真実に近いものと思われる。しかし奴隷の人生に自由はない。自分の一生は常に他人が決める。自分自身や家族の一員が持ち主の一存で勝手に売られてしまい、それで生き別れとなったりする。持ち主の言うことに反抗すればごく当然の罰として売られてしまう。これでは進歩するのはまず不可能である。

「二番目の航路」を体験させられた奴隷ではなく、アメリカで生まれた人たちの場合には別の話になるのではないか、という議論もありうる。「二番目の航路」の生き地獄を体験させられなければ確かに苦痛の程度は低いかもしれない。しかし一度体験させられた生き地獄はそう簡単に記憶から消えてなくなるものではない。これは体験者にとって一生残る深い心の傷である。この傷は体験者の人格に決定的なものを残さないわけがない。そしてこれは下位文化形成の重要な要素として残ったのではなかろうか。

これはユダヤ人の場合に比較してみるとよくわかる。強制収容所の体験をしないですんだユダヤ人でも、戦後生まれのユダヤ人でも、ユダヤ人であるかぎりホロコーストの心理的な深い傷跡をもっている。ホロコーストはユダヤ民族全体の記憶である。これと全く同じように、アメリカ生まれのアフリカ系住民なら奴隷の過去とその苦痛を誰でも知っている。奴隷制度が廃止された後でも、現在にいたるまで偏見と差別は大変強い。これが人格形成と日々の心理状態に影響を及ぼさなかった、とは考えられない。

## 退行させられた結果

アフリカ奴隷として、そして解放後は公民権なしのアフリカ系住民として、その後は公民権は得たものの以前とあまり変らない偏見と差別を受け続けるアフリカ系アメリカ人として、退行を押しつけられた結果は容易に理解できる。新皮質は支配的ではなくなり、下部の二層の脳がより活発になる。嬉しさ、悲しさ、恐れ、驚き、うつの状態、怒り、といった感情が簡単に表現され、食べること、飲むこと、性、排泄、などといった生物的な面も当たり前のこととして表現される。暴力や思いやりのなさも退行の結果として見られるようになる。

退行の結果として理論的に考えられるこのような状態を注意深く検討していただきたい。これこそがアメリカの主流社会がアフリカ系アメリカ人に対して常に抱いてきたステレオタイプそのものである。これは奴隷の時代は言うまでもなく、公民権を得ているはずの二一世紀始めのアメリカにもそっくりそのまま存在しているステレオタイプである。

ある職業であろうが、民族であろうが、人種であろうが、ステレオタイプというものはその特定の集団すべてに属する人々がすべて同じように考え、同じように行動すると仮定し、それによってその集団の人々すべてに特定の判断をしてしまうため非現実的であり、大変望ましくない。しかしそれと同時に、強制的に退行させられた結果、あるアフリカ系の人が下部の二層の脳に支配されて感情をあらわにし、動物のような行動をすることも充分に考えられる。人種や民族に関係なく、強制的にこのような立場におかれたら誰でもそうなってしまうであろう。従ってベイリーの進歩と退行の理論の考えに従えば、この結果は理論的に考えられる。

もし主流派のアメリカ人が、感情をあらわにし、動物のように生きるアフリカ系の人々を実際に見た場合、それはステレオタイプができあがる材料となる。主流派のアメリカ人の大多数がアフリカ系を軽蔑し、ばかにし、差別している現実であるから、そのような環境で感情をあらわにし、動物のような生き方をするアフリカ系住民を見れば、それは以前から抱いている考えを実証することになる。ここでは他のアフリカ系住民がどうか、ということは全く関係なくなる。そのような人を一人見るだけでステレオタイプができあがる。ステレオタイプというものは、一度形成され、それを多くの人たちが信じるようになると、それを除去するのは容易なことではない。事実上不可能になってしまう。アフリカ系住民についてのステレオタイプはこのようにしてできあがったものと推測できる。奴隷時代のアメリカでは、アフリカ奴隷は子供っぽく、簡単に喜怒哀楽を表し、性的にいいかげん、などのステレオタイプが信じられていて、二一世紀のアメリカでもこれをほとんどそのまま信じている人は大変多い。

## アフリカ系住民との同一視

アフリカ系の人々が最初は奴隷として、そして解放後は主流には受け入れられない人種としてアメリカ社会の中に存在していると、主流派の人々の反応はいろいろであった。その多くはアフリカ人はばかで醜いと信じ、その下位文化も西洋文明よりはるかに劣ったもの、軽蔑すべきものと見なしていた。この考えによれば、奴隷制度の結果アフリカ系がアメリカに住みつくようになってしまったのだから、アメリカにとって最良の対処策は差別し、隔離しておくことであった。別の人々は、奴隷制度は過ちであったと認め、一種の罪悪感を感じてはいたものの、そのようなことは忘れておいたほうがよい、考えないのが一番だという態度をとった。この二種類の反応は一九五〇年代の終りから六〇年代の始めにかけての公民権運動、「ブラック・パワー」の活動、その他一連のアフリカ系住民の抗議運動が始まるまで、ほとんどの主流派のアメリカ人が抱いていた態度であった。

しかし人間の心理的多様性を反映して、すでに奴隷合法の時代から弱者としてのアフリカ系の住民に同情し、同一視をする人々も存在していた。最も有名な例は一八五二年に刊行された『アンクル・トムの小屋』の著者、ハリエット・ビーチャー・ストウであろう。この本は一八五〇年の逃亡奴隷法と奴隷制度そのものを強く非難した。よく知られているもう一人はジョン・ブラウンで、一八五九年にバージニア州のハーパー・フェリーにあった連邦政府の造兵所をアフリカ系を含んだ五〇人の同志と共に襲撃した。この目的は奴隷に武器をもたせて解放させることであった。この反乱は失敗し、ジョン・ブラウンはその年のうちに処刑された。奴隷制度に反対する最も効果的な運動は「地下の鉄道運動」と呼ばれた秘密の組織であった。これによって南部の奴隷が奴隷制度のなかった北部の州に夜間こっそりと送られ、見つかるのを回避するために昼間は秘密の場所にあった「駅」で休む、という方法がとられていた。

少数ではあったが、このような主流派のアメリカ人たちが奴隷制度に反対し、奴隷を助ける努力をしていたのは、二一世紀の良心的なアメリカ人の判断では、当然である、至極もっともである、となるのかもしれない。しかし、そのような意見、そのような反応になるのは必ずしも当たり前なことではない。事実、これは一九世紀半ばのアメリカ南部では大変ばかげたこと、非常識なことであった。奴隷制度に反対し、ひどいめにあっている奴隷を助け、解放する、という行動は偶然二つの条件が同時に存在していたためである。その二つの条件とは（一）啓蒙思想の哲学、そして（二）文明化、である。

すでに述べたように、啓蒙思想の考え方の一つは人間性、人間愛、といった他人に対する思いやりである。当時の西洋で、アフリカの人間は進歩が遅れた過去の段階を示す人々である、という考えもあったのは確かである。しかしそれと同時に、いろいろな人種は表面的には異なって見えるが心理的には似たようなもので潜在的な知能もそれほど違いがあるわけではない、という見解も明確に存在していた。この考えによれば、アフリカ奴隷は不運にも奴隷になってしまったがやはり人間なのである、という結論になる。

しかしこれだけで必ずしも奴隷制度に反対しよう、奴隷を解放しよう、という行動になるとは限らない。奴隷制度は人類の歴史で古今東西広く知られている。奴隷制度が存在していても特にどうという結果にはならず、人々はそれを単に事実として見ていた場合がほとんどであった。古代ギリシャやローマ帝国では奴隷が存在し、ローマ帝国ではスパルタカスという奴隷による有名な反乱もあった。しかしいくら反乱があっても倫理的、道徳的な問題にはならなかった。しかも古代ギリシャでは啓蒙思想に似たような哲学が存在していたのである。ジョン・ロックやモンテスキューといったような啓蒙思想を代表するような哲学者でさえ奴隷制度を容認していた。考えようによっては、啓蒙思想のような大変抽象的な思想そのものは、奴隷制度を廃止しよう、奴隷を解放しよう、という行動には簡単には結びつかなかった、と言える。

西洋文明の中の奴隷制度なのだからキリスト教の影響によって廃止の方向に向ったのではないか、という可能性も考えられる。しかしキリスト教そのものも決定的な要素ではなかった。驚くべきことに、カトリック教会は悪の世界の必然性として奴隷制度を公認していた。そればかりでなく、カトリック教会は奴隷を所有していた。一三七五年に法王グレゴリー一一世は法王の命令に反対したため破門されたフィレンツェの住民を奴隷にすることを命令し、それが相応の罰であると信じていた。一四八八年には法王イノセント八世はスペイン国王フェルディナンドから一〇〇人のムーア人の奴隷を贈られ、この奴隷たちはその後法王庁の枢機官（カーディナルス）や貴族たちに分配された。

クエーカー教徒は奴隷解放に努力したとされているが、これは全く正しいとは言えない。クエーカーたちは最初は奴隷制度に対する態度を明確にしなかった。一六八八年にドイツのクエーカー教徒は奴隷制度を非難したが、母体であるフレンド協会はこの非難を無視している。一七五八年にフィラデルフィアで開催されたフレンド協会の年次大会で、初めて奴隷制度と奴隷売買に反対する決議がされたのである。

## 奴隷制度に反対する文明化の心理

それではなぜアメリカで一八世紀の半ばから奴隷制度が倫理的、道徳的に問題になり始めたのであろうか。歴史上のある出来事を理解するためには、あらゆる要素を考察し、それぞれの要素が一体どれだけ重要であったのか客観的に考察しなければならず、これは容易なことではない。しかもある出来事はたった一つの原因でおこるのではなく、いくつかの原因の組み合わせでおこるのがより現実的である。従って歴史上のある大事件を説明する学説は通常いくつもある。なぜ奴隷制度が廃止されたのか、なぜ南北戦争がおこったのか、についてはいくつもの学説がある。悲観的に考えれば、歴史上のできごとを本当に理解するのは不可能であるのかもしれない。

これだけのことを明記した上で、筆者は次のような仮説を提案したい。アメリカで奴隷制度が倫理的、道徳的に問題になったのは文明化の結果であった、という仮説である。古代ギリシャとローマ帝国では文明化の心理を体験しなかったため、奴隷制度を廃止することを考えなかった。しかし近代西洋文明は文明化され、その結果奴隷制度を廃止することを考え始めた、と言える。

文明化の体験があった、なかった、の違いが鍵となったわけである。

読者は、それでは文明化がどうして鍵になったのか、という疑問を抱かれるかもしれない。その答えは同一視をするかどうか、同一視ができるかどうか、である。エリアスの文明化の研究が示すように、文明化された人間は自分自身を心理的に他人の立場に置いて、その他人の感じること、喜怒哀楽、欲しいこと、欲しくないこと、したいこと、したくないこと、などを理解できるようになる。同一視にはいろいろあるが、その一つ、弱者との同一視は文明化が最も進んだ心理状態で可能になる。これこそが奴隷を見て同情し、奴隷制度に疑問を持ち、それに反対し、それを廃止しようと行動するまでに至る心理的根拠である。ここに古代ギリシャやローマ帝国と一九世紀半ばのアメリカの相違があった。

要約すれば次のように言える。奴隷制度に反対しそれを廃止しようとする行動には、啓蒙思想に従った人間観が必要であった。しかしこれだけでは充分でなかった。その他に同一視をする能力、特に弱者と同一視をし、弱者の立場の喜怒哀楽、考え、希望、などを理解できる能力をもつことも必要であり、これは文明化の結果によって得ることのできた能力であった。この二つの条件が一九世紀半ばのアメリカに存在したため、奴隷制度を廃止する動きにまでなったと考えられる。もし一九世紀半ばのアメリカ人が中世のヨーロッパ人と全く同じような人間であったとしたならば、奴隷制度は廃止されなかったであろう。

## アフリカ系住民と同一視をした結果

同一視をすることは、自分を同一視の対象となった人間の立場に置き、その人間の観点を理解することである。通常は同一視の対象となる人間を目の前にし、その喜怒哀楽などを直接見ることによって同一視をする。しかしこれは絶対に必要な条件ではない。同一視はその対象となる人間を直接見なくても可能である。アメリカの北部に住んでいてアフリカ人など見たことがなかった人たちでも、『アンクル・トムの小屋』を読んで弱者との同一視をし、不幸な奴隷たちを助けようと考え、「地下の鉄道運動」に参加した者もあった。

直接にアフリカ人を見たことがあってもなくても、同一視の結果、多数派のアメリカ人はアフリカ系住民の作り上げた下位文化が特異なものであることを発見した。それは西洋文明とは本質的に全く異なる、感情が比較的自由に表現されたものであった。文明化の過程を経た西洋文明の特徴の一つは感情を抑制することであり、このアフリカ系住民の下位文化はいわばこれと正反対の特徴を持ったものであった。表現される感情とは奴隷生活の苦痛、不当な世界に向けての怒り、愛や性、飲食など生きることの喜び、宗教的なもの、などであり、これは最も明確にニグロ・スピリチュアルと呼ばれる歌に表現されているのはよく知られている。この感情をまっこうから表に出すことは、ある意味では原始的な哺乳類の脳の世界である。これは伝統的な西洋文明、とくに文明化後の西洋文明しか知らなかった主流派のアメリカ人にとって全く新しい異様な体験であった。

新皮質の絶対的支配が要求された、文明化が最も進んだ時点での西洋文明とは異なり、アフリカ系住民の下位文化は退行の結果の産物である。そしてここで是非とも明記しておかなければならない点は、これはアフリカ人たちが自ら好んで形成したものではない、という事実である。アフリカ奴隷たちには選択の自由などというものは全く存在せず、苦痛の体験の結果強制的に退行させられ、その結果できあがったのが新皮質の支配が軽減し、その代りに原始的な哺乳類の脳、場合によってはさらに爬虫類の脳が活発になった結果の下位文化である。この点に関しては、ナチスの強制収容所に入れられた結果、退行させられたユダヤ人の場合と全く同じである。そしてもう一つアフリカ人とユダヤ人の退行に共通点がある。苦痛を強制し、退行という現象を発生させた奴隷商人とアメリカ社会（アフリカ奴隷の場合）そしてナチス（ユダヤ人の場合）はどちらも計画して退行させたわけではなかった。ある人間行動が全く予測しなかった結果を生み出すよい例である。そしてアフリカ奴隷の場合には、予測できなかった結果は比較できないほど重大であり、西洋文明の体質を根本的に変容させ、更にはその崩壊にまで至らせることになった。

## アフリカ系住民に対する対処策

感情と行動を強調するアフリカ系住民の下位文化の存在に気づいた時、主流派のアメリカ人たちは主として新皮質の脳に従って反応した。特に文明化後のアメリカで、ヴィクトリア朝的な倫理観と道徳観、そして人種主義が主流派の考えを支配していたとき、最も当たり前な反応はそれを攻撃し、非難することであった。アフリカ系住民の下位文化は下品で、野蛮で、不道徳で、と言った形容詞が適切な描写方法であった。この観点から、アフリカ系住民に対する三つの対処策があった。

第一に、一部の人たちにとっては、アフリカ系住民をアメリカ主流の社会に同化させるのが解決策で、それはアメリカ式の教育を与え、西洋の価値観、道徳観、倫理観、宗教を教え込むことであった。この考え方に従ったアフリカ系住民のための大学も建学された。第二に、これとは正反対の考えもあった。この考えによれば、アフリカ人はもともと知能が低く、ばかなのだからアメリカ社会に受け入れることなどとてもできない、従って一番現実的で、おそらく唯一の方法は人種を隔離しておくことであった。第三に、更に別の対処策は、このようなことはできるだけ考えないことにし、できるかぎり無視してしまう方法であった。西洋には「押し入れの中の骸骨」

という表現があるが、これは厄介なこと、見られてはいけないこと、思い出したくないこと、などを抱えている状態を意味する。奴隷制度の結果アメリカに発生したアフリカ系住民こそ「押し入れの中の骸骨」そのものであり、これは手を触れずに黙ってそのままにしておくのが最良というのがこの三番目の対処策であった。そして実はこれこそが一九五〇年代の終りに公民権運動が始まるまで、主流派のアメリカ人ほとんどの態度であった。

この三つのうち、三番目の対応は最も役に立たなかった。いくら無視しようとしても、南部はおろか北部でもアフリカ系住民と接触しないで生きてゆくのは難しい。アメリカの義務教育ではアメリカ史が必ず教えられ、その中で奴隷問題を避けることは不可能である。いくら押し入れの中に隠しておいても、骸骨は出てきてしまう。啓蒙思想の観点から考えれば、一番目の方法が最も適切である。しかしこの方法はあまり効果的ではなかった。アフリカ系住民の下位文化はすでにあまりにも明確に、そして強力にできあがってしまっていて、下部の二層の脳が活動的になっているのを抑え、新皮質を支配的にするのはベイリーが指摘するようにはなはだ難しい。これは住む地域が隔離されていればなおさらのことである。一八六五年にアメリカ憲法の第一三修正が可決されて奴隷制度が廃止された後も、これらの三つの対処策がほとんど変化もせずに長い間共存していたのがアメリカの歴史であった。

# 第六章　アフリカ系下位文化の浸透

二〇世紀になってアメリカ社会は三つの出来事によって大きな影響を受けた。産業化と二つの世界大戦である。産業化によって人々が田舎から都市へと移住するようになった。第一次世界大戦が始まると北部では労働者が不足するようになり、南部のアフリカ系住民が北部へと移住するようになった。このような人口移動の結果、南部でも北部でも孤立した農村が減少し、人種、民族、宗教などで異なった人々が接触するようになっていった。その中でもアメリカの歴史の観点から見て最も注目すべき点は、南部のアフリカ系住民の下位文化が次第にアメリカ社会の主流へと浸透していったことであった。

## ジャズとラグタイム

その中でも特に重要なのは音楽で、二〇世紀の始めのニューオルリンズ・ジャズとラグタイムがその最初であった。ジャズの発祥地は一般にはニューオルリンズ市のベースン通りとされ、一九世紀の終り、または二〇世紀の始めからジャズが演奏されるようになったとされている。ニューオルリンズは南部にあり、気候の関係上各種の催しを野外で行うことが多かった。そのような催しの一つは吹奏楽の演奏であり、吹奏楽のバンドはお葬式の時の行進でも演奏をしていた。墓地への行列の時にはそれ相応の荘厳な音楽を演奏したが、埋葬を済ませ、墓地から帰ってくる時には全く別の種類の音楽を演奏するようになった。リズムの強弱は変り、メロディーにも装飾音がつけられるようになった。これがジャズの始まりであるとされている。

吹奏楽のバンドがお葬式の時に演奏する慣習はアフリカ系住民の間では昔からのもので、一七世紀の奴隷時代からの慣習であるとも言われている。その後この種の音楽はニューオルリンズの赤線地帯であるストーリービルで演奏されるようになった。しかし吹奏楽は元来野外で演奏するものである。室内で演奏するのは不向きであるので楽器編成は変り、演奏者の人数も減り、「先生」と呼ばれる別の種類の演奏者が現われるようになった。しかしストーリービルは一九一七年に閉鎖されたため、ここで演奏していた音楽家たちは失業し、やむを得ずメンフィス、セントルイス、シカゴ、などといった他の都市で新しい仕事を探し、そこで演奏するようになった。時がたつにつれて演奏の仕方もそれぞれの都市で変り、いろいろのスタイルのジャズが生まれた。セントルイス、シカゴ、カンサス・シティ、などの名前がつけられたジャズである。ジャズは南部の都市ニューオルリンズから中西部に広がり、さらには北部全体にまで浸透していった。このようにしてニューオルリンズのアフリカ系社会で始まったジャズがアメリカ社会全体に広がっていった。

## ジャズの特徴

ジャズという名の西洋音楽とは全く異なった音楽を聴いた主流派のアメリカ人は、ジャズがもたらす異様な体験に驚かされた。ジャズは何よりも感情主体の音楽であり、感情を表現した音楽である。ジャズの根底にあるのは、苦しさ、つらさ、悲しみ、あきらめ、といった感情でこれは奴隷の過去と差別の現実を音で表現したものであった。一見ニューオルリンズ・ジャズはそうではないような印象を与えるかもしれない。しかしこのスタイルのジャズは、墓場での埋葬を済ませた後に演奏することから始まったものである。悲しみとつらさを隠蔽し、それを忘れようとするために意識的に陽気にした、涙ぐましい音楽なのである。（精神分析の防衛規制の専門用語を用いればこれは「反動形成」である。）

奴隷としての悲劇的過去とその苦痛と悲しみはジャズ特有の方法で強く表現されており、ブルー・ノーツという用語で知られている。これはジャズの音階に特有のもので、西洋音楽の長調の音階の三番目、五番目、七番目の音を意図的に低くすることである。ブルー・ノーツは感情的な効果を与え、ジャズ特有の悲しさを表現する。一つの曲の中でブルー・ノーツと正常の長調が同時に使われると、ブルー・ノーツは特に不安定さ、希望のなさ、不確実さ、といった印象を与える。そしてサクソフォーンやトランペットなどの楽器を利用して意図的に音程を上下させると、ブルー・ノーツをより効果的に表現することができる。これはクラシック、民俗音楽、ポピュラー音楽などといった相違に関係なく、西洋音楽の伝統には全くなかった音楽である。ジャズを聞くことはアフリカ系住民の特異の感情に接することである。

## ジャズの浸透

ジャズがアメリカ全土に浸透し始めていくらも経たないうちに、第一次世界大戦の頃から主流派のアメリカ人たちはジャズを真似するようになった。ニューオルリンズ・ジャズを真似したスタイルのジャズはデキシーランド・ジャズと呼ばれ、演奏者がアフリカ系ではなかったため、多数派にとっては受け入れやすく、これがジャズを更に浸透させる役割を演じた。その後にはシカゴ式のジャズが現われ、これは高校や大学の学生によって盛んに演奏された。そして高校生、大学生によって演奏されたことによって、アメリカの中流社会全体に流行させる効果があった。一九三〇年代から四〇年代にはスイングが流行し、ベニー・グッドマン、カウント・ベーシー、デューク・エリントンといった演奏者が現われ有名人となった。ジャズの世界からアメリカ社会全体に通用する有名人が現われたのである。

第二次世界大戦は産業化や第一次世界大戦と同じような効果を生み出し、人口移動と異なった人々の間の接触を一段と盛んにした。これによってアメリカの主流文化しか知らなかった人々もアフリカ系住民の特異な下位文化としてのジャズの存在を知るようになった。そしてジーン・クルーパ、トミー・ドーシー、アーティー・ショウ、ハリー・ジェームス、グレン・ミラー、コールマン・ホウキンズ、フレッチャー・ヘンダーソン、といったジャズ音楽家が人気を集めた。この時点になると、アフリカ系住民の間から始まった音楽はアメリカ社会全体の音楽となってしまい、すでにアメリカ文化の一部であった。第二次世界大戦中はジャズはGIと呼ばれていたアメリカの一般兵士を奮起させる音楽となり、ジャズの音楽家はGIを慰問するために演奏旅行をしていた。グレン・ミラーがこのような演奏旅行の途中で悲劇的な死を遂げたことはアメリカ人にとって大きなショックであった。これはジャズが完全にアメリカ人全体のものになってしまったことを示している。

## ラテンアメリカ音楽

ジャズとは別に、一九二〇年代と三〇年代には、西インド諸島と南アメリカから始まった別の形式のアフリカ系の音楽がアメリカで、そして世界で流行するようになった。タンゴ、ルンバ、サンバ、などがその代表的なリズムで、日本でも大流行したものである。一九五〇年代にはマンボ、チャチャチャ、バイヨン、と言った別のリズムも同じように世界で大流行した。アメリカの、そして世界の大衆はこのようなアフリカ系のまたはその影響を強く受けたリズムの特異さを理解し楽しむようになっていった。

一般にラテンアメリカ音楽と呼ばれるこのようなリズムは、西洋で伝統的なワルツとかフォックストロットといったダンス音楽の主導的地位を押しのけるまでには至らなかった。あるリズムが一時的には大流行はしても、しばらくすれば移り気の大衆から忘れられ、次のリズムに人気が移る、といった具合であった。このようなラテンアメリカ系のリズムはダンス場の雰囲気を変える、といった効果はあったものの、常に二次的なダンス形式でアメリカでもヨーロッパでもこの点に関しては同様であった。しかしジャズは忘れられずに生き残り、フォックストロットなどのダンスに適応された形で演奏されていた。

## リズム・アンド・ブルースの台頭

デキシーランド・ジャズは一九二〇年代に流行し、これに続いて三〇年代にはブギウギが流行した。その後一九三五年から五〇年頃まではスイングの時代となり、ジャズはアメリカ大衆の間に定着した。ジャズは完全にアメリカ文化の一部になったわけである。しかしアフリカ系住民の間では、これとは別の形の音楽が演奏されていた。人種が極度に隔離されたアメリカでは、社会の主流とは全く別に独自のアフリカ系の下位文化が発展し、それが維持されるようになった。これによって奴隷時代からの苦しみ、つらさ、不当さ、の感情があまり変化せずに維持されることになった。その中でも将来のアメリカ社会、西洋文明、そして全世界への影響力という点で最も重要なのはブルースである。

ブルースは一九一〇年代の中頃に歌われるようになった、とも言われているが、勿論ブルースの心とでも言うべきものはアフリカ系住民の間で昔から存在していた。ブルースは極度に感情をあらわにした個人的な歌詞を持った表現方法で、何よりも強い感情の表現に特徴がある。これは奴隷時代からのものと言ってまず間違いない。ブルースの歌詞は場合によっては官能的、享楽的でもある。

第二次世界大戦中はアメリカで労働力が不足したため、比較的給与のよかった軍需産業に職を求めて多くのアフリカ系アメリカ人が南部から北部や西部へと移住をし、それと一緒にブルースの伝統も移住することになった。移住することによってこれらのアフリカ系アメリカ人の生活環境が変化したが、それと共にブルースも変化した。ブルースはより力強く演奏されるようになったのである。

シカゴでは経済的に比較的余裕のあるアフリカ系住民を対象にしたレコードが販売されるようになった。伝統的な南部のブルースとは多少異なった、北部の大都市の環境から生まれた音楽である。それまで使用されていた伝統的なギターではなく、電子ギターが用いられ、サクソフォーンも使用されるようになった。電子楽器を用いることによって音量は極度に増加し、鼓膜の破れそうな力強い音楽になった。これに加えてもう一つの重要な変化は小節内のリズムの二番目と四番目を強調することである。大音量の演奏や、通常は弱いリズムの音を逆に強調する演奏は差別に対する怒りを音楽によって表現したものと推測することもできるが実証するのはむずかしい。

いずれにしてもこれがリズム・アンド・ブルースの始まりである。南部の伝統的なブルースに特異で強力なリズムがつけられた音楽である。歌詞は昔のままに感情的、官能的、享楽的であった。しかしリズムが変ったことで南部の音楽という印象が薄れ、何となく北部の大都会の音楽として新鮮に聞こえるようになった。シカゴのパラマウント・レコード社は直ちにこの新しい音楽に注目し、アフリカ系演奏家によって演奏されたレコードをアフリカ系住民に売り出すことを始めた。演奏するのも聴くのも人種的にアフリカ系であったため、リズム・アンド・ブルースは「人種音楽」と呼ばれ、リズム・アンド・ブルースのレコードは「人種レコード」と呼ばれていた。

## リズム・アンド・ブルースの浸透

「人種レコード」といったような表現が用いられたのはそれなりの理由がある。当時のアメリカは人種が明確に区別された社会であり、アフリカ系住民だけを対象にした放送局やレコード店があった。この種の放送局は南部だけではなく、北部や西部の大都市にも存在していた。そしてアフリカ系住民を対象にした放送局が、アメリカの将来に大変革をもたらすきっかけとなった。理由は至極簡単である。アメリカ社会が人種的に隔離されていても、放送の電波を隔離することはできない。ごく当たり前の安価なラジオさえあれば、どの放送局から誰を対象に放送されているか、などということには全く無関係に、誰でもどんな放送でも聴くことができる。

アメリカ社会の主流に属する十代の少年少女たちがラジオでリズム・アンド・ブルースを聴いて、その異様さ、特異さ、力強さに驚き、たちまちその虜になってしまった。何よりも伝統的な西洋文明の音楽とは全く異なったものであったためである。当時アメリカ社会主流の大衆音楽と言えばパティ・ページ、ドリス・デイ、ローズマリー・クルーニー、フランク・シナトラ、ペリー・コモ、ジョー・スタフォード、エディー・フィッシャー、といった歌手によって代表されていた。リズム・アンド・ブルースはこの種の音楽とは月とスッポンほど異なったものであった。その魅力の虜になった少年少女たちは「人種音楽」のラジオ放送を聴き、「人種レコード」を定期的に買うようになった。一九五一年の冬、オハイオ州クリーブランド市のレコード店の店主は人種とは全く無関係に、十代の若者たちの間でリズム・アンド・ブルースのレコードの売上が増加していることに気がついた。店主がこの不思議な現象を市の放送局のディスクジョッキーに話した結果、この放送局でリズム・アンド・ブルースのレコードを試しに放送してみることにした。その反響は直ちにあり、大変な人気となった。

一九五〇年代の始めは、テレビがアメリカ社会で次第に影響力を増すようになってきた時点であった。それまでラジオで放送されていた各種の番組が次第にテレビに移行され、ラジオの放送局の番組に空白ができ始めた。これに対処するためにラジオ局は何か新しい番組を考えつく必要にせまられ、解決策の一つは比較的に限定された聴取者だけを対象とした番組を放送することであった。そのような聴取者として取り上げられたのが十代の少年少女であった。多くのラジオ局が十代が好みそうな音楽の放送を始め、アフリカ系住民のためのラジオ局と平行して、アメリカ社会主流のラジオ局もリズム・アンド・ブルースを放送するようになった。

十代の若者が大事な聴取者として取り上げられるようになったのには、アメリカが資本主義社会として成熟したという理由がある。各家庭がある程度裕福になると、十代のための特別の市場が現われ、大人のものとは異なる、十代だけの衣類、靴、化粧品、などが商品として売れるようになり、自動車産業までも十代を意識した車を売り出すことさえ始めた。映画の世界でも十代を対象とした映画を製作するようになった。マーロン・ブランドとジェームス・ディーンは十代のために現われた俳優と言えるかもしれない。十代の下位文化が誕生したのである。

## エルビス・プレスリー

このように一九五〇年代は十代の若者がリズム・アンド・ブルースの魅力を次第に発見しつつある過程にあった。その中で歴史的に重要なのはテネシー州メンフィス市のラジオ局ＷＤＩＡから放送されるリズム・アンド・ブルースを熱心に聴き、それにとりつかれた若者がいたことである。彼の名前はエルビス・プレスリーであった。プレスリーのような南部の人間、特に南部の労働者階級の人間にとって、人種の隔離は現実にはそれほど効果的なものではなかった。北部や西部に対し、南部には南部特有の下位文化があり、これは人種の違いにあまり関係なく全ての南部の人間に共通したものであった。人種がどうであっても、北部や西部にゆけば南部の人間は差別される可能性が高く、南部の方言を話すためにばかにされ、経済的な発展がおくれているためにばかにされ、時代遅れであるためにばかにされていた。このような事情があってこそ、南部の人間にとってはリズム・アンド・ブルースを聴くのはそれほど特別なことではなく、これは単に南部の下位文化の一部であると言えるほどであった。

アメリカの全社会で、十代の間にリズム・アンド・ブルースの人気が次第にたかまってゆく傾向にあったのは、市場に敏感であれば誰もが気づいたことであった。このような音楽を十代を対象として商業的に売り出せば金儲けができる。しかし人種主義と人種差別のアメリカでそのような音楽を売り出して成功するには、リズム・アンド・ブルースがアフリカ系住民の間から発生したという事実を隠す必要があった。つまり明らかにアフリカ系に見える演奏者が演奏したのでは売れない。メンフィスでささやかなレコード会社を経営し、「サン・レコード」という名前のレコードを製作販売していたサム・フィリップスはリズム・アンド・ブルースを演奏できるがアフリカ系ではない人間はいないものか、と考えていた。この組み合わせでレコードを売り出せば飛ぶように売れること間違いなしである。

このお目がねにかなったのがエルビス・プレスリーであった。プレスリーにはチェロキー・インディアンの血が入っている、などという噂があったが、少なくとも見たところはアフリカ系ではない。しかもリズム・アンド・ブルースは立派に歌え、その心を完全に表現することができる。リズム・アンド・ブルースを全アメリカに売り出して金儲けをするにはまさに最適の人物であった。それでも演奏者が誰であっても、これをリズム・アンド・ブルースの名前で売り出すのは売れ行きに影響する可能性がある。リズム・アンド・ブルースは「人種音楽」であり、全アメリカ社会の一般大衆にはそのようなものは受け入れがたい。できれば全く別の名前が望ましい。そこでできあがった新しい名前がロックン・ロールであった。アラン・フリードというディスクジョッキーが「ロック」と「ロール」という二つの単語を組み合わせてこの名前を考えついたとされている。一般には知られていないが、どちらも隠語で「ロック」も「ロール」も「性交」という意味である。リズム・アンド・ブルースの官能性を見事に反映した誠に適切な改名である。この改名は成功し、リズム・アンド・ブルースは直ちに全アメリカに大流行してしまった。

一般大衆にとって、エルビス・プレスリーはロックン・ロールそのものを象徴するようになった。ロックン・ロールの流行が始まった時点で最も人気のあった演奏家はエルビス・プレスリーとビル・ヘイリーであった。二人ともアフリカ系演奏家の演奏するリズム・アンド・ブルースを熱心に聴き、それをまねして演奏していた、と言われている。自らアフリカ系で、いわば正統派のリズム・アンド・ブルース奏者であったファッツ・ドミノは「今ロックン・ロールと呼ばれているのはリズム・アンド・ブルースと同じものだ、自分はニューオルリンズでそれを一五年も弾いている」と言っている。

## ロックン・ロールとカントリー音楽の関係

しかし見方によってはリズム・アンド・ブルースとロックン・ロールはすべての点で全く同じであるとは言えない。第一に、ロックン・ロールではリズムが単純になっている。第二に、ロックン・ロールはブルースとカントリー音楽の両方の要素を含んでいると言われている。その理由はどちらも似たような音楽で類似点は三つある。（一）どちらも生きる辛さ、苦しさを生々しく描写し、アルコール中毒、家庭内の騒動、不貞、離婚、貧困などを取り上げた歌詞が多く歌われている。（二）どちらも感情を表面に出して歌う。ただしその表現方法には違いがあり、カントリー音楽では鋭い鼻声を用い、ブルースは途切れた発音をして歌う。（三）どちらもアメリカ社会の主流の豊かさとは縁のない、社会の隅に押しやられた立場の音楽である。

ここで特に注目すべき点はエルビス・プレスリーはたまたまこの両方の伝統、両方の心を知っていたことである。アフリカ系ではないものの、南部の貧しい家庭に生まれ、職業はトラック運転手という典型的な労働者階級の人間であったことがどちらの音楽も理解することを可能にしたのであった。社会の主流ではなく片隅の存在であったためにアフリカ系の音楽に刺激されロックン・ロールに魅了された、という点ではその後にイギリスに現われたビートルズの場合に共通している。階級意識の厳しいイギリスで、リバプールの労働者階級の背景をもったビートルズの演奏者たちはエルビス・プレスリーとまったく同じ背景を持ち、まったく同じようにしいたげられたアフリカ系の住民の音楽を評価できたのであった。

ロックン・ロールの最初の大ヒット曲は、一九五四年に現われたビル・ヘイリーの「ロック・アラウンド・ザ・クロック」であった。このレコードは翌年にはリズム・アンド・ブルース、カントリー音楽、ポピュラー音楽という三種類の分野ですべてベストセラーになってしまった。その後エルビス・プレスリーの歌った多くのロックン・ロールがヒット曲となった。このようにロックン・ロールがヒット曲になり得たのにはそれなりの理由がある。一九五四年には、すでにアメリカでは安価なポータブルのラジオが市場に出まわっており、十代の少年少女は親にあれこれ言われることなしに、聴きたい音楽を親の目の届かないところで自由に聴くことができた。一九五〇年代の半ばから、アメリカだけで一〇〇〇万台のポーダーブルのラジオが売れたと言われている。ロックン・ロールの大流行の結果、「人種音楽」と言った汚名はなくなり、アフリカ系でもロックン・ロールの演奏家として売り物になるようになった。チャック・ベリーなどはそのよい例である。

## ロックン・ロールの台頭以前の中流趣味

ロックン・ロールが生まれた一九五〇年代のアメリカでは、社会の階層と音楽の好みとの間には明確な関連性があった。中流階級はマントバーニ、メラクリーノ・ストリングス、パーシー・フェイスといった比較的大編成の弦楽器を主とした楽団によって演奏された音楽を聴いていた。このような楽団は弦楽器と木管楽器によって夢見るような甘いメロディーを演奏することを得意とし、リズムはほとんどないものが多かった。この種の音楽は明らかに中流社会の価値観を反映しており、音楽が言わんとしているのは中庸さ、安らかさ、静けさ、安全性、といったものであった。官僚社会が要求する、組織の中で他人と協調し、問題を起こさずに言われた仕事をし、でしゃばったことはしない、そうすればそう簡単には首にならずにまあまあの給料をもらって比較的に満足のゆく生活ができる、という中流階級の生き方そのもののような音楽であった。

当時のアメリカではバックグラウンド・ミュージックと呼ばれる音楽を屋内商店街や飛行場といった公共の場所でかすかに聞こえるような音量で演奏することをしていた。日本ではムード音楽と呼ばれていたものである。使用されていた音楽はほとんどすべてマントバーニ風の音楽で、社会の主流を占める中流階級の趣向が反映されていた。ここでブルースやリズム・アンド・ブルースなどの音楽を流すことは中流階級の趣向に反し、そんなことはとても考えられなかった。強烈なリズム、鼓膜が裂けるような音量、わいせつな歌詞、生きる苦しさを表した音楽は中流階級にとって全く異質のもので不快であり、もし万一そのようなものをマントバーニの代りに流したりしたら直ちに苦情が殺到し、中止されることは明らかであった。

## ロックン・ロールがもたらした中流趣味の追放

しかしロックン・ロールの登場によってこの中流文化のアメリカ支配に変化が起り始めた。アメリカの主流派の中流家庭に育った十代の少年少女たちがロックン・ロールに熱狂するようになり、これがアメリカ社会全体に流行し、その趣向を完全に変化させてしまう方向へと向い始めた。それからわずか数年後、一九五〇年代の終りから六〇年代の始めにかけてアフリカ系住民の公民権運動が盛んになり、ロックン・ロールを熱狂的に聴くようになっていた大学生たちの支持を受けた。ビートニクと呼ばれる反体制の若者が大学の内外に現われ、アフリカ系の下位文化を意識的に取り上げるようになり、これはその後ヒッピーと呼ばれる人々によって引き継がれていった。アメリカ社会の主流派はアフリカ系住民の不当な扱いを国家的な問題として初めて取り上げるようになった。すでに述べられたように、「押し入れの中の骸骨」という表現は、見たくないもの、考えたくないもの、他人に知られたり見られたりしてはいけないもの、を意味する。アフリカ系住民の問題こそアメリカの持っていた「押入れの中の骸骨」そのものであった。そしてそれが押し入れの中から引き出されてしまったのである。

その結果アメリカ社会の中で多くの変化が起り始めた。バスの座席、バスの待合室、学校などの公共施設での人種による隔離の禁止、少数派（主としてアフリカ系とラテンアメリカ系）を大学などで入学枠を設けたり優先的に扱う方針、少数派の子供に特別の授業をする方針、などである。このような国家的な政策にもとづいた意図的な社会改革には強硬な反対もあったのは当然である。その賛否はここでは一切取り上げないが、結果としてはアメリカの全国民が多かれ少なかれアフリカ系住民の直面していた問題と、その西洋文明の伝統とは全く異質の下位文化の存在を無視できなくなった。これは政治的な圧力ともなり、民主党と共和党という二大政党のどちらもアフリカ系住民の票の力を意識するようになった。アフリカ系住民の圧力は更に広がり、小学校から大学までアフリカ系住民の歴史を教えること、ラジオやテレビでアフリカ系の人間による番組を放送すること、などという結果にもなった。

このようにアメリカ社会全体が意識的にアフリカ系の下位文化を取り上げるようになると、好むと好まざるとに関わらず、アメリカ国民はすべてそれに接触させられることになった。すでに十代でロックン・ロールの洗礼を受けた若者たちが大学に入り、卒業し、就職し、社会の中心にあって仕事をするようになれば、アフリカ系の下位文化が至極当たり前のものとなっていった。そうなればロックンロール・ロールとそれに関連したアフリカ系下位文化は下位文化ではなくなり、アメリカ文化そのものになったわけである。

## 同一視の対象となった強者としてのアフリカ系アメリカ人

アフリカ系住民から始まった各種の音楽が次第にアメリカ社会全体に浸透していった後、公民権運動の成果が一九六〇年代と七〇年代のアメリカに見られるようになった。大学でのアフリカ系学生のための枠、就職で差別しないこと、などの結果、中流に属するアフリカ系アメリカ人がそれほど珍しくなくなってきた。映画やテレビ番組なども意図的にアフリカ系アメリカ人を登場させ、しかもメイドや労働者といった奴隷時代からのステレオタイプの職業ではなく、医師、弁護士などといった専門職として現われたりするようにもなった。アフリカ系の音楽家もアメリカ社会に受け入れられるようになり、そのレコードも商業的に売れるようになった。スポーツの世界でもアフリカ系のバスケットボール、フットボール、野球などの選手が能力に応じた評価をされるようになり、差別の目で見られていた昔とは次第に変っていった。

このように能力を認められたアフリカ系アメリカ人は次第に同一視の対象になっていった。勿論、奴隷時代、奴隷解放後の時代、そして一九五〇年代までのアメリカでもアフリカ系の住民は同一視の対象になった。しかしこれは弱者としての立場で同一視されたのであり、弱者との同一視であった。差別され、卑下され、ばかにされていたアフリカ系住民に同情したのである。

これに対し、一九六〇年代、七〇年代以後の同一視は全く異なる。アフリカ系アメリカ人は弱者ではなく強者として同一視されるようになり始めた。アフリカ系のロック音楽の演奏家や俳優や運動選手がステージや映画で歌ったり、演奏したり、叫んだり、わめいたり、腕力を見せて物を破壊したり、激しい動作を見せながら動き回ったり、スタジアムで胸のすくようなプレイを見せて試合に勝つと、それは優れた操作能力の表現と見なされ、強者との同一視に至るわけである。テレビ、映画、ステージでの実演、スタジアムでの試合、などでアフリカ系アメリカ人がたえず活躍するようになると、強者としてのこれらの有名人との同一視はさらに一般的になっていった。

## アフリカ系文化の浸透

このような演奏家や歌手が演奏したり歌ったりすると、同一視をした聴衆はアフリカ系アメリカ人特有の感情とその表現方法を理解するようになった。その根本にあるものはしいたげられた歴史の苦痛、官能性、行動性、突発性であり、これが実演のステージ、テレビの画面、ビデオや

CDなどからアメリカ全土、そして全世界へと浸透していった。公民権活動の結果、比較的頻繁にあらわれるようになったアフリカ系の男優や女優、テレビに定期的に現われるアフリカ系有名人などの場合も強者として同一視の対象となった。ここでもアフリカ系独特の発音、用いられる単語、話し方、身振り手振りなどが音楽の場合と全く同じ苦痛の歴史、官能性、行動性、突発性を表現し、それが特異のものと受け入れられ、浸透していく結果になった。運動選手はあまり話す機会はないが、それでもアフリカ系選手は影絵として見ても直ちにわかるような特異な動作をし、これも同一視の対象となった。

これらアフリカ系の人々がアメリカ社会全体に、そして世界に示したのは文明化によって新皮質を極度に支配的にした生き方とは全く異なり、下位の二層の脳を活動させた文化であり、そこにあるのは感情や動作を表現する自由、制限せずに使われる言語、性の自由な表現などであった。つまり退行である。考え方によれば西洋文明の文明化は行き過ぎであったとも言えるのかもしれない。感情は公に表してはいけない、性に関することは口に出してもいけない、考えてもいけない、食事をするときには礼儀作法を正しく守り、下品な食べ方をしてはいけない、攻撃的な言動は慎まなければならない、といったようなそれまでの西洋で常識であったことが拒否される結果となった。

アフリカ系アメリカ人によってアメリカ社会全体に示された全く新しい人間性、といったものを同一視の結果理解し始めた一般大衆は、拘束と禁止ばかりのようであった伝統的な西洋文明から解放されたような気持ちをもつようになった。これがビートニクやヒッピーが惹きつけられた点である。考えようによっては、新皮質によってたえず下部の二層の脳を支配し続けることは不自然である。ベイリーが指摘するように、下部の二層を活性化させるのは動物としての人間には容易であり、いわば自然なことである。一度アフリカ系アメリカ人たちが教えてくれた特異な体験は楽しいものであり、自由を感じさせ、忘れがたい。この体験はアメリカ社会全般の日常生活になっていった。ロック音楽はアメリカ社会の隅々まで浸透していった。

## ロック音楽の特異性

ロック音楽には三つの特徴がある。それは(一)極度の単純さ、(二)リズムの強烈さ、そして(三)音量の強さ、である。この三つの特徴はロック音楽を音楽史上で特異のものにしている。クラシック音楽やジャズとは違って、ロック音楽の和音は比較的に単純である。メロディーも単純で場合によってはほとんどない、といってよい。ジャズとは異なり、即興的で複雑な演奏もなく、ヴィルトオーゾ的に演奏の腕前を誇示することもない。その意味ではロック音楽はジャズやタンゴといった、他のポピュラー音楽に比べても知的に楽しめるわけでもない。

その代りにロック音楽が聴かせるのは単純で、単調で、すぐに聞き飽きてしまうような強力で高音のリズムで、それを繰り返しているだけである。このような特徴の音楽は新皮質には向いていない。下部の二層の脳により適切な音楽である。若者になぜロック音楽が好きなのか、と聞いてみると、しばしば聞かされる答えは、ロック音楽は聞くものではなく骨に感じる音楽だ、などといったものである。振動を身体全体で感じることそのものがロック音楽鑑賞なのである。

つまり聴くのではなく振動を感じるのである。これでは新皮質の必要はない。しかもロック音楽を歴史的に振りかえってみると、この傾向は時が経つにつれて著しくなってきている。一九五〇年代のロックン・ロールのリズムはギターやピアノでも演奏され、スタッカートではあるものの、それをメロディーとして聴くことができた。エルビス・プレスリーの演奏した曲にこのようなものが多かった。しかしその後はリズムは打楽器だけで表現されたものがほとんどである。これは音楽学的に見ても進歩ではなく退行である。ジョン・シンクレアはジャズ音楽評論家であったが急進的なロック音楽の代弁者となり、「ロック音楽は人々に感じさせ、良い気持ちにさせてくれる、誰もが絶えず良い気持ちでいられる環境をつくり出す必要があるのだ」と述べている。

この観点を理解するにはロック・コンサートなるものを観察すればよい。現在ではロック音楽演奏者は人種や性別には無関係になってしまったが、誰がステージに現われて歌っても似たようなものである。ロック歌手は激しい身振り手振りをし、頭も振り、怒ったような動作をし続け、感情を絶えずあらわにしている。ステージを歩き回り、聴衆にも同じ感情の反応を求める。聴衆はそれに答え、それぞれ手を高く上げて振りつづけ、あたかも生き神様の教えにしたがった信者たちのようである。ヒットラーに対するドイツ大衆の反応にも相通ずるものがある。通常ロック・コンサートはカリスマ的教祖を頭とする新興宗教の団体の集いのように見える。

# 第七章　ロック音楽への攻撃とその敗退

一九五〇年代にロックンン・ロールが最初のロック音楽としてアメリカで流行し始め、それに社会がどのように反応したかはよく知られている。一九五六年に上映された『黒板のジャングル』(日本では『暴力教室』で公開)と題された映画の中に「ロック・アラウンド・ザ・クロック」という名のロックン・ロールが含まれていて、これがロックン・ロールを世界に流行させたきっかけとなった。上映する映画館にとって、この映画を見にきた十代の観客は苦労の種となった。座席におとなしく腰掛けて映画を見ることをせず、通路で踊ったり、座席で身体を前後左右に動かし続けたり、強く足踏みをしたり、手拍子をとったり、わめいたりすることが度々あった。ミネアポリス市では映画を見た後、十代の少年少女が長い列をなして踊りながら大通りを蛇行し、商店の窓ガラスを壊したりした。そのため警官が介入し、群集は強制的に解散させられた。ウイスコンシン州のラ・クロッセでもこの映画を見た後、言うことを聞かないで騒いでいた十代の子供たちを静めるために警官の出動となった。

イギリスでも全く同じような反応が見られた。ロンドンでは映画を見た後の十代の子供たちが歩道を占拠したり通行人に迷惑をかけたりしたため警官が解散させた。タワー・ブリッジの上では何百人もの若い男女が踊ったり「マンボ・ロック」と叫んだりして交通渋滞をさせてしまった。ティーカップやお皿も投げられた。ロンドンのある映画館では、この映画を上映中一〇〇人以上の十代の若者があまりにも騒がしかったために退場を命ぜられた。若者たちはこれに憤慨し、映画館の前で騒動を起こし、警官の出動となった。ロンドンの別の映画館では何組かの若者たちが通路で踊りだし、ここでも警官が呼ばれ、約五〇人の十代の少年少女が退場させられた。マンチェスター市の映画館では騒動のために映画の上映が中断され、警官が約五〇人ほどの命令に従わない若者を退場させた。

映画を見るだけでこれだけの騒動になったのであるから実演の場合には更にひどい結果となった。ロックン・ロール騒動が始まった一九五〇年代で最も人気のあった演奏家はビル・ヘイリーとエルビス・プレスリーであった。ビル・ヘイリーとコメッツが一九五六年にワシントンDCのナショナル・ガードの兵器庫で演奏会をしたところ、五〇〇〇人もの聴衆が集まり、ここでも通路で踊り始めた者がいたため警官が座席に戻るよう命令した。会場内で喧嘩が始まり、その後会場外の道路でも騒動が続いた。

エルビス・プレスリーの場合にはその下品さが問題となった。ステージで明らかに性的な身振りをして歌うため、「エルビス・ザ・ペルビス」というあだ名をつけられてしまった。英語で「ペルビス」とは骨盤のことで、つまり腰の骨である。骨盤を前後左右に動かして性交を思わせる動作をするためにひんしゅくを買ったわけである。プレスリーがウイスコンシン州のラ・クロッセで演奏会を開いた後、土地の新聞はその演奏を「わいせつそのもの」、「衣服を着たままのストリップ」と描写した。ミネソタ州セントポールでの演奏会の後、地元の新聞はプレスリーを「ストリップの男性版」で「女性のストリップで見せられる性的な腰運動」がすべて含まれていると描写した。

一九六三年にビートルズがスコットランドのグラスゴー市で演奏会を開いたところ、三五〇〇人の若者が集まり、足踏みをしたり飛び跳ねたりしてバルコニーを振動させた。そして座席を一〇〇も壊してしまった。これを沈静させるのに五〇人の警備員と四〇人の警官が動員された。

## 世論の攻撃と非難

アメリカで始まったロックンロールの流行に対し、多くの市民から攻撃と非難が寄せられた。各種団体からもロックンロールに対する非難が表明された。ウイスコンシン州のラ・クロッセでは、主催者は今後はエルビス・プレスリーまたはこの種の演奏家による演奏会は二度と開かない、という誓約をさせられた。ニューオルリンズ地域全体の市民協議会はロックン・ロールの「わめき叫ぶ間抜けな」歌詞を非難し、ロックン・ロールはアメリカの若者の道徳を退廃させる、と決めつけた。アラバマ州の北部では市民団体がロックン・ロールをジュークボックスから追放することを始めた。この団体の代表者はロックン・ロールのレコードは不潔で、性的で、不道徳で、歌詞はわいせつである、とその理由を説明した。右翼の団体であるジョン・バーチ協会の機関誌『アメリカン・オピニオン』はロックン・ロールは「邪悪を魅惑的なもの、すばらしいもの、感動させるものとし、宗教、道徳、祖国愛、生産性をばかにし、麻薬、破壊活動、革命、性の乱れを賛美する」とした記事を書いている。消費者運動の活動家ラルフ・ネーダーは、電子楽器を使うロック音楽は連邦政府と州政府によって規制されるべきで、一定以上の音量のロック音楽は公害である、と主張した。ネーダーはロック音楽は「音による傷害」であると非難もした。

## 音楽界からの非難

クラシック音楽の著名な演奏家も不快感を表明した。「ロック・アラウンド・ザ・クロック」への感想として、マルコルム・サージェントは「ロック音楽は野蛮人が太鼓をたたいているようなものだ、……若者を暴動するように扇動し、乱闘させることができるのなら悪いものにきまっている」と発言した。ヘルベルト・フォン・カラヤンは「音楽の共鳴と人間の脈拍が一致してしまうと血液の流れにおかしなことが起る」とロック音楽についての感想を述べた。

パブロ・カサルスはロック音楽に対する嫌悪感をあらわにした次のような発言をしている。「吐き気をもよおすようだ、恥ずべきものだ、毒を音にしたようなものだ、我々の時代の醜さを煮詰めたようなものだ」。ハワード・ハンソンは、ロック音楽は音の公害であるとした。ロック音楽支持者が「エルビスが好きだ」と書かれたバッヂをつけて歩くようになると、反対派は「ルードウィッヒが好きだ」というバッヂをつけ、ベートーベンの音楽はロック音楽よりはるかにましだ、と主張して歩いた。アイザック・スターン、ユージン・オルマンディー、パブロ・カサルスなどがこれをつけていた。

クラシックの音楽家だけでなく、ポピュラー音楽の世界でもロック音楽を嫌った人々がいた。ミッチ・ミラーは「単調さを賛美している……もう一歩で全体主義、というところだ」と述べている。サミー・デービス・ジュニアーは「ロック音楽が消えてなくならければ自殺をするかもしれない」と発言した。フランク・シナトラは、ロックン・ロールは非行に関係していると考え、「どこかおかしい、間違っている」と言った。そして更に、ロック音楽は「間抜け」によって作詞、作曲され、演奏され、歌われていて、「知能の足りない同じ内容の下品でわいせつな歌詞を繰り返し……地球上すべての長いもみ上げをした非行人間たちの戦いの音楽になっている」、ロック音楽は「最も粗暴で醜く絶望的で悪質な表現方法で、こんなものを聞かされるとは運が悪かった」、とも述べている。イギリスのジャズの音楽家スティーブ・レースは、「現在流行っているロックン・ロールのばか騒ぎはポピュラー音楽の世界で最も不安感をもたせる出来事の一つだ」、プレスリーのレコードの一部には「わいせつさがいとも気軽に隠されている」、などと述べている。

## マス・メディアの反対

マス・メディアや大衆娯楽の分野でもロック音楽に反対する人々があった。ロスアンジェルスのディスクジョッキーでCBSテレビの番組『ジュークボックス審査員』の司会者であったピーター・ポッターは反対の立場を明確に表明した。オーストラリアの評論家であるサム・ダンは、ロックン・ロールは暴力的で残虐で粗野だから音楽界の雑草でしかない、と断言した。テレビ評論家のジャック・オブライエンはプレスリーの演奏は「野蛮人が性交の前にする踊り」と描写した。

ロックン・ロールに反対する多くの反応の中で最も有名な出来事は、人気のあったテレビ番組『エド・サリバン・ショウ』の司会者エド・サリバンの選んだ解決策であろう。エド・サリバンとしてはプレスリーのような者を一般家庭の視聴者には見せたくなかったが、人気が上昇すると無視できなくなった。その結果エド・サリバンはプレスリーを自分の番組に出演させることにした。しかしプレスリーの悪名高い腰運動だけはテレビで見せない決心をし、上半身だけを放映したのである。ロックン・ロール演奏者があきらかに性行為を示す身振りをするため、ポップ・ホープは「音楽なしだったら（わいせつな動作をしているという理由で）逮捕されるだろう」と感想を述べている。

新聞や放送局も反対の意見を表明した。『ニューヨーク・デイリー・ニュース』はロック音楽を「ジャングルからきた未開のリズムに、大人だったら聞きたくないような歌詞をつけ、それに終始したもの」で、ロック音楽のレコードは「若者の最悪の好みを追求したもの」、と描写した。一九五八年の一月一二日に、セントルイス市のラジオ局ＫＷＫは「レコード破りの週間」を始めた。この放送局ではロックン・ロールの曲を一曲ずつ放送し、一曲が終わったらそのレコードを破壊してしまう、ということをした。ラジオでレコードが一枚づつ割れていく音を放送してロック音楽反対の表明をしたわけである。ＫＷＫ局によれば、この「レコード破りの週間」の後に届いた手紙のうち、約九〇パーセントはこれに賛成であった、とのことである。

世界的に見ると、イギリスのＢＢＣがロック音楽に最も敵意を抱いていた放送局であった。一九五〇年代のＢＢＣは英国を代表する団体として自負しており、アメリカから入ってきたものには敵意を持っていた。一九四二年に、イギリス政府は駐屯していたアメリカ軍関係者のための放送局の聴取範囲は一〇マイル（約一六・一キロ）以内、という制限をした。その理由は英国国民をアメリカ式の趣向の影響から保護するためであった。五〇年代の始めからは、「アメリカ」という単語そのものが好ましくない連想をさせるような状態であった。このような状態の英国であってみれば、ＢＢＣがロックン・ロールを放送して「放送を汚染する」ようなことなどするわけがなかった。ＢＢＣにとっては、ロック音楽は「レコードでも実演でも不快感を与えるもの」であった。

## 宗教界からの非難

宗教界にも反対の意見があった。一九六五年にセント・ペーターの聖堂で行われたミサで、ローマ法王ポール六世はロックン・ロールを「愚かな娯楽」と描写し、これに熱中している十代の青少年を批判した。ニューヨークのスピールマン枢機官はバッファロ市の市民スタディアムに集まった数千人のカトリック信者の前で、ロックン・ロールは「わいせつな踊り」であると言った。トロント市の福音教会のＷ・Ｇ・マックファーソン牧師はロック音楽は「アフリカの邪教信者の音楽のように」人間の感情に影響を及ぼす、と述べた。ボストン市のジョン・Ｐ・キャロル牧師は、ロック音楽は十代の若者にとって危険であると教師の集会で警告し、ロック音楽は若者を扇動し興奮させる、と言った。シカゴ市の枢機官スティッチはカトリックの学校ではロック音楽は演奏しないほうがよい、と忠告した。この他にもノーマン・J・オコーナー牧師、アルビン・L・カーショウ牧師、ジョン・J・グラント牧師などが否定的な意見を明らかにしている。

イギリスではJ・H・チェンバレン教区牧師はロックン・ロールは悪であり、著名な音楽家によって構成される委員会によって追放されるべきである、とした。同じくイギリスで著名なメソジスト教会のドナルド・ソーパー牧師はロックン・ロールは性を強調しすぎ全くの屑であるとし、検閲が必要であるとした。

## ロック・コンサートの追放

地方自治体や演奏会場ではロック音楽の演奏会を開催させない傾向になっていった。一九六三年のビートルズの演奏会で起った混乱のため、グラスゴー市評議員は別のロック音楽の演奏会の取り消しをしてしまった。ロンドンのロイヤル・アルバート・ホールではチャック・ベリーとビル・ヘイリーの演奏会の開催を拒否した。バルティモア市ではロック音楽の演奏会で数回の混乱があったため、市の演奏会場すべてでロック音楽の演奏会を開催禁止とした。フロリダ州のジャックソンビル市では、市の条例により野外ロック音楽演奏会は禁止となった。シカゴ市では、あるロック音楽の演奏会で、座席を破壊されたり、焼かれたり、吐き出された食物でカーペットを変色させられた結果、ロックの演奏会をすべて禁止した。シカゴの公園で開かれたあるロック・コンサートでは、石、空き瓶、椅子などがステージに投げつけられ、三人が撃たれて負傷し、一六五人が逮捕され、二六人の観客、三〇人の警官が怪我をした。その結果シカゴ市の公園委員会は公園内でのロック・コンサートを禁止にした。

## 反対派の惨めな敗退

一九五〇年代の半ばにアメリカで商業的に売り出されてから、ロック音楽はアメリカでもヨーロッパでもこのように嫌われ、攻撃され、嘲笑され、検閲や禁止の対象となった。しかし二一世紀始めの日本では、ロック音楽が欧米でこれだけの社会問題になったことはあまり知られていないようである。ここに述べられた例はそのごく一部であるが、これだけでもその程度を推察できるものと信じる。常識的に考えれば、社会に現われた流行がこれだけ拒否され、反対され、圧力をかけられれば、遅かれ早かれ消えてなくなるか地下に潜るのではなかろうか。しかし歴史はまったく別の結果を示している。

ロック音楽はアメリカのポピュラー音楽を完全に征服し、その後は大衆文化すべてを征服してしまった。アメリカ社会の最下層から始まったリズム・アンド・ブルースはロックン・ロールという商業名をつけられて全アメリカに売り出され、中流社会を征服し、更には全アメリカを征服し、アメリカ社会の性格を根本的に変革してしまった。現在では西ヨーロッパ各国もこの点に関しては全く同じである。日本もそれに近づいており、韓国やシンガポールも同様である。ロシア、東ヨーロッパ、中国などといった国々でも、かつて共産主義によって攻撃されていたロック音楽は日常生活に入りこんでしまっている。現在の世界でロック音楽に征服されていない国はないといっても言いすぎではない。ネパールでも、モンゴルでも街中で当たり前のようにロック音楽が流れている。

## ロック音楽の勝利と文明化の類似点と相違点

ロック音楽がアメリカ社会の最下層に始まり、次第に社会の上部に向って浸透し始め、最後には全アメリカ社会を征服してしまった現象は、何世紀か前にフランスで起った現象を思い起こさせる。つまり文明化の現象である。しかしここには二つの大きな違いがある。第一に、文明化の現象はフランス社会の最上層に始まり、それが次第に下部へと浸透していった。第二に、ロック音楽の現象はアメリカ社会の最下層に始まり、それが次第に上部へと浸透していった。第二に、文明化の場合には、新皮質による下部の二層の脳の支配が強化されたのに対し、ロック音楽の場合には、これと反対に新皮質による下部の二層の脳の支配が衰退したのである。別の表現を用いれば、ロック音楽は文明化を崩壊させた、と言える。

## ロック音楽の完全な支配

ロック音楽が世界の大衆文化を征服してしまった事実を最も明らかに示す例はテレビであろう。筆者は北アメリカ、西ヨーロッパ、南ヨーロッパ、日本、のテレビ放送についてある程度知っているが、国の違いに関係なく、内容はほとんど同じようなものである。そして最大の共通点は番組の前後や合間、場合によっては番組の背景にロック音楽を流すことである。その意味では番組はすでに着色されており、客観的な内容の番組など期待できるわけがない。娯楽番組ならまだしも、客観性を必要とするニュースや教育番組でさえロック音楽だらけである。そしてロック音楽はニュースで取り上げられている内容などに無関係に流される。旅行番組で、紹介する国がイスラエルでも、エジプトでも、インドでも、トルコでも、一様にロック音楽が背景に流されることがしばしばである。これこそばかの一つ覚えである。

二人の政治家が会談しても、汚職が発覚しても、地震があっても、交通事故があっても、殺人事件があっても、面白おかしくロック音楽によって飾り立てられ、世間すべての出来事が娯楽として放送される。殺人事件のニュースを伝えるのに背景にロック音楽を流すのは殺された人に対して不謹慎ではないだろうか。失礼ではないだろうか。このような苦情を投書しても必ず無視される。ロック音楽がそれほど日常生活にとって当たり前になってしまっていて、それがおかしい、ということ自体がおかしい、と思われる時代になっている。それでも日本の皇室、外国の王室での葬儀の番組ではロック音楽は流されないようである。ということはこのような折にロック音楽を流すことは場合によっては不謹慎であると考えられているのであろうか。ロックン・ロールが流行し始めた時にそれを徹底的に無視をし、反ロック音楽の砦であったBBCも、今ではアメリカの放送局と全く変りがない。

ロック・コンサートはクラシック音楽の演奏会場でも野外でも世界中当たり前のように開催されている。かつてはロック音楽の演奏が追放された場所でも正々堂々と演奏されるようになった。場合によっては、スウェーデンのように、政府や地方自治体から助成金を配布されている。その理由はロック音楽は「文化的」であるためである。国の違いに関係なく、今の世界では大中小の商店でも、デパートでも、商店街でも、場合によっては街全体にさえロック音楽を絶えず流していることが珍しくない。

ロック音楽を嫌悪する人々にとって、このようにロック音楽から逃れられない現在の世の中はまさに地獄そのものである。ロック音楽がある特定の場所、例えば商店や商店街などに限られているのであれば、そのような場所に行かなければロック音楽の公害を避けることができる。しかしロック文化の世界征服はほぼ完璧である。国によってはバス、電車、エレベーターなど他に選択肢のない場合でもロック音楽を押しつけられる。スペインのバルセロナ市の地下鉄の駅やマドリード近郊の列車内などすさまじいものである。すべての歯科医がロック音楽を治療中に聞かせれば、どの歯科医に行っても騒音公害は同じである。飛行機の出発前三〇分なり一時間半なりに飛行場に行って待機させられる場合、強制的にロック音楽を聞かせる飛行場がアメリカでは普通であり、日本でもほぼ同じようである。過去においてロック音楽反対の態度をとっていた官庁や地方自治体は、今では完全にロック音楽支持の側にまわり、どの国でも苦情を持ちこんでも無視されるのが惨めなオチである。大衆の大多数がロック音楽が好きなのだから、それに反対するのは「反民主的」である、などと言われるのはまだいいほうで、場合によっては精神病患者のように見なされることさえある。

## なぜロック音楽が勝ったのか

初めて商業的に売り出された時、アメリカでもヨーロッパでも、個人からも団体からも、あらゆる種類の攻撃を受け、ロックン・ロールは追放されそうになった。しかし十代の青少年の一部から熱狂的な支持を受けて生き残ったばかりか、次第に勢力範囲を拡大し、アメリカ社会を征服し、ついには世界を征服してしまった。これは歴史的に見てもはなはだ異様な出来事である。なぜ、そして、どうしてそうなったのであろうか。

どの国の歴史を見てもわかるように、大衆の意見、態度、趣向、行動を意図的に変更させるのは大変難しい。政府、独裁者、権力者などが金と時間をかけて人々に強制しても失敗するのがほとんどである。アメリカの禁酒法は完全に失敗してしまった。売春の禁止、人種差別禁止、麻薬禁止、などいくら法律があっても事実上何の効果もない。禁煙運動は効果があったとしても微々たるものである。これらの事実にくらべると、ロック音楽の成功には驚くべきものがある。そしてロック音楽について特記すべき点は、社会全体から最初あれだけの強力な反対と攻撃があったにもかかわらず成功してしまったことである。なぜなのであろうか。

この疑問に対する答えは人間の脳にある、というのが本書の主張である。人間の考え、望み、欲望、そしてその結果としての行動が下部の二層の脳に直結している場合、それを抑制したり除去するのは事実上不可能と言ってよい。下部の二層の脳に支配されて生きることは楽しく、嬉しく、喜ばしい。しかもこれは生理学的に見ても容易なことである。新皮質を支配的にするためには意識的な努力が必要である。しかし下部の二層の脳を支配的にするのに意識的な努力などいらない。原始的な哺乳類の脳と爬虫類の脳は常に頭蓋骨の中に存在しており、活動する機会を今や遅しと待機している。新皮質が少しでも支配力を弱めれば直ちに活発な活動ができる。これが人間という動物の実態である。

別の表現をすれば、新しい考えや行動が最初から下部の二層の脳の特徴に合致する性質のものであれば、二層の脳は直ちに待ってましたとばかりに反応し、人間としてそれを受け入れてしまう結果になる。一度下部の二層の脳がこのように活性化されてしまうと、それを以前の状態に戻すのは難しくなる。なぜならそのためには意識して新皮質を支配的にしなければならないからである。

いくら禁止する法律があっても、売春や賭博が世界中どこでも普遍的に存在し、決してなくならない理由はここにある。このような人間行動は下部の二層の脳に直結していて、それを新皮質の中の意識として存在する倫理、道徳、その他で抑制するのは人為的であり、いわば本能的に支配する下部の二層の脳と対決すれば負け戦となる可能性が高い。これがアメリカの禁酒法が完敗した理由であり、ロック音楽と麻薬とグラフィティとバンダリズムがすでに欧米を征服し、世界をも征服する過程にある理由である。

文明化の圧力が最大であったのはルイ一四世の時代からルイ一六世の在位初期の頃までのフランスと、その影響を強く受けていたヨーロッパ各国であった。それと並行して啓蒙思想が発展し、革命思想が生まれ、それが実行され、自由、平等、民主主義が謳われる別の時代となった。文明化の時代は過去のものとなり、ロマン主義の影響のもとに感情を表現し、それに基づいて行動するようになった。ということは文明化の反転を意味する。二〇世紀に入ると、ジャズが最初はアメリカ社会、続いてヨーロッパにも影響を及ぼすようになり、文明化の反転に更に拍車をかけることになった。つまり文明化は次第にその効力を失いつつあったわけである。この歴史的背景があったからこそ、ロック音楽は容易に受け入れられることになり、人々の態度を完全に変革させてしまった。

## なぜ若者がロック音楽を支持したのか

文明化の状態を反転させ、ロック音楽をアメリカ社会に受け入れる役割を果したのは主流派に属していた若者たちであった。この点に関し決定的であったのはシカゴ・スタイルのジャズを演奏するようになった高校と大学の学生たちである。この後はスイングの時代となり、「ジターバッグ」と呼ばれた若者たちは、スイングのジャズ音楽で踊るために新しい踊りを考え出して流行させた。若者は常にアフリカ系の音楽を躊躇なく受け入れていて、西インド諸島や南アメリカから始まったルンバ、タンゴ、サンバ、マンボなどのリズムの大流行は常に若者の間から始まっていた。

なぜ若者の間から流行し始めたのかという理由は脳の構造を見れば理解できる。三層の脳のうちの中間の脳、つまり原始的な哺乳類の脳は遊びに関連しており、哺乳類の動物たちの遊びの行動は成長の過程にある幼い動物、若い動物に見られる。進歩した霊長類の動物、例えばチンパンジーなどの場合、成長過程にある動物は盛んに遊び、これは人間でも同様である。新皮質が社会の基準などを指示しなくなり、原始的な哺乳類の脳が活発になると、遊びの行動も活発になり、それが新しいリズムや踊りを容易に受け入れる条件となった。ロック音楽の流行は、遊びをする若者たちがいろいろのスタイルのジャズや、他のアフリカ系音楽を受け入れて流行させた一連の出来事の一つなのである。

## 成長の反転としての退行

一九五〇年代の半ばにロック音楽が流行し始めるやいなや、直ちに強硬な反対意見があらわれ始めた。反対の理由は似たようなものであり、大まかに分類すれば二種類ある。どちらも退行の現象に反対しており、その一種類は心理学者や精神分析専門家の言うところの退行、つまりロック音楽の場合、十代の少年少女が幼児のようになってしまうことを指摘している。この場合には人間が人間としての成長段階にそぐわないで、心理的に幼い昔に戻ってしまうことである。映画館で『黒板のジャングル』を見たときに、そしてロックン・ロールの演奏会場でおとなしく座席に座っていないで音楽に合わせて身体を動かしたり、座席を離れて通路で踊ったり、座席を壊したり、わめいたり、叫んだり、などといった行動はこの種の退行そのものである。

ロック音楽の流行と共に、ロック音楽にもいろいろの種類が現われるようになったが、その一種に「パンク・ロック」というものがある。この下位文化の規則は「帽子が頭に合わなかったらその帽子をかぶれ」というものである。これは「対決の着方」と呼ばれる。安全ピン、かみそりの刃、生理用品、などを耳からぶらさげるのもこの下位文化の一部で、退行の一種と見なすことができる。

ラップ音楽も幼児にもどる退行の一種である。言葉を話し始めた幼児が口から音を出すことに興味をいだき、それを繰り返すことに喜びを感じる現象そのものである。しかしこの種の退行はロック音楽に限られてはいない。クラシック音楽の世界でも文明化の反転と退行の影響を受けて「シュプラッヘスティメ」と呼ばれる歌唱法が現われている。これは歌うのではなく、語りと歌の中間の表現方法で、音楽の進化の観点から考えればこれは明らかに退行現象である。

ロック音楽の最大の特徴はその音量であろう。すさまじい音量で電子楽器を演奏すれば他人迷惑である。あまりにも強烈な音量のため、ロック音楽演奏者たちは耳栓をして演奏することを余儀なくされている。ナイトクラブで深夜まで、場合によっては二四時間このような騒音公害をされれば近所迷惑である。野外のロックコンサートの騒音は更にすさまじい。しかし演奏するほうも聞くほうも、他人迷惑であるなどとは考えてみもしない。自己中心に考え行動する三、四才の幼児そのものである。文明化の反転はすでにここまできてしまっている。

ロックン・ロールはリズム・アンド・ブルースから派生したが、リズム・アンド・ブルースそのものは大都市のゲットーに住んでいたアフリカ系住民が電子楽器を用いてより強力な音を出し、強力なリズムを加えたのが始まりとされている。これを始めた理由は不明であるが、ゲットーのアフリカ系住民すべてが抱いていた不満と怒りを表現したもの、というのが考えられる説明の一つである。不満と怒りが蓄積しても国も地方自治体も対処せず、問題を解決できなければ、それを表現する建設的な方法など考えられない。音量を上げ、強烈なリズムでブルースを演奏するのは不満と怒りの表現であろう。これは幼児的な反応であり退行である。

## 進化の反転としての退行

もう一種類の退行はベイリーの理論の中で指摘されている退行である。この形の退行では進化の歴史を後戻りし、人間が原始的な哺乳類、更には爬虫類の動物のようになってしまう。これは進歩した哺乳類の動物の特徴である新皮質が支配的でなくなり、下部の二層の脳が活発になるために起る退行である。ロック音楽に向けられた最も敵意のある攻撃はこの種の退行を指摘している。攻撃をした人々はマックリーンの三層の脳の理論や、これに基づいて構築されたベイリーの進歩と退行の理論などは知らなかった。マックリーンの理論は一九五〇年代から学術論文として少しづつ発表され発展したもので、これを知っていたのはこの分野の専門家だけであった。ベイリーの理論を知っているのも専門家だけである。にもかかわらず、ロック音楽反対の意見は、この二つの理論から導き出せる仮説を実証している。そして客観的に観察される事実も全く同じようにこの仮説を実証している。

社会学者アラン・H・レビーによれば、著名な社会学者で音楽学者・哲学者でもあるテオドール・アドルノは、ジャズ音楽に含まれている野蛮さは危険な要素であり、ジャズには加虐的と被虐的なものが中心になっていると考えた。アフリカ系アメリカ人の中から始まった音楽として、これと全く同じことがロック音楽についても言える。オーストラリアの評論家サム・ダンはロック音楽は乱暴で、残忍で、粗暴であるからロック音楽を聞けばそのような感情を持つようになる、と述べている。ダンは更にロック音楽は「暴力の音楽」である、とも言っている。ドイツの社会学者ピーター・ウイッケはロック音楽について大変学術的で客観的な本を書いている。そのような本でも、ロック歌手のジョニー・ロットンの歌い振りは「言っていることがほとんど聞き取れないわめき声」で、「単調な金切り声のようなギター」の「狂乱した騒音」で伴奏されている、と書いている。そしてロットンの音楽は「怒りをあらわにしたもの」と描写している。

## ロック音楽の官能性と享楽性

ロック音楽に明確に示されているもう一つの特徴は官能性と享楽性である。これもベイリーの理論の指摘する退行を示している。ルディー・ティーセンは「ブルースを聞くことは何よりもまず第一に直接の体験をする理想郷」にあることである、としている。このブルースの体験とはブルース特有の官能性をあらわにした独特の歌い方によって表現される。この特徴がそっくりそのままリズム・アンド・ブルースに受け継がれ、ロック音楽にも存在している。ここで官能性とは広い意味で感じることすべてであり、感じることの喜びにさえなっている。

このブルースとリズム・アンド・ブルースの根底にある官能性と享楽性がロック音楽にそっくりそのまま持ちこまれる事実を理解すれば、ロック音楽と麻薬の密接な関係も容易に理解できる。ロック音楽を賛美する作家ジョン・シンクレアは、ロック音楽は「人々をよい気持ちにする、地球上で誰もがいつもよい気持ちでいられるようにしよう」と書いている。ビートルズが麻薬を常用していたのは今ではよく知られているし、ポール・マッカートニーは麻薬を所持していたために日本に入国できなかった。

ロック音楽が流行し始める前、ジャズの演奏家も麻薬を使用していた。しかし麻薬に依存していたジャズ演奏家はそれが世間に知られることを恐れ、できるだけ隠していた。ところがロック演奏家は隠すどころか、麻薬を使用することはごく当たり前、としている。ロック演奏家にとって麻薬は演奏活動に不可欠と見なされ、麻薬を使わないロック演奏家は異端者になる。一九六五年に二人組のソニーとシェールというロック歌手は公に麻薬反対の態度を表明したためにボイコットされてしまった。

音量のすさまじさと共にリズムの強烈さもロック音楽の特徴である。確かにリズムは音楽を演奏するためには重要な要素の一つではあるが、ロック音楽の場合には、リズムは音の流れを一定の単位に区切ってゆくものではなく、感情をエネルギーとして表現するものである。そしてこのようにして表現されたエネルギーは物理的振動となり、身体を振動させる。ロック音楽は鑑賞するものではなく、振動として感じるものである。ピーター・ウイッケの言葉を引用すると、ロック音楽とは「身体全体としての音」である。身体の振動を感じて喜ぶことがロック音楽の根本である。

## 爬虫類の脳の支配

ロック音楽に関連している行動の一部は、爬虫類の脳の支配下によって起った結果であることを強く暗示している。すでにロックン・ロールの始まりの時点からバンダリズムと呼ばれる破壊行為は広く知られていて、熱狂的な十代のファンたちが座席や窓ガラスを壊している。これよりひどい例も報告されている。コネティカット州ハートフォード市の市民センターの屋根はアリス・クーパーのコンサートの時に破壊されてしまった。その理由はと言えば、ファンの一部が屋根に穴をあけ、そこから会場に入りこもうとしたためである。

ロック演奏家はこれよりひどい。ローリング・ストーンズは家具を破壊するなどのバンダリズムで有名になってしまい、一四のホテルが宿泊を拒否した。ローリング・ストーンズはこれが気に入らず、公民権を侵害された、として訴訟をおこしている。つまりホテルに泊まり、家具を破壊することは公民権で保証されている権利であり、家具を破壊するからホテルに宿泊させない、というのは公民権の侵害である、という議論である。

ステージでも、バンダリズムを当然のことのようにプログラムの一部に含めているロック演奏者もある。ジェリー・リー・ルイスは時には頭や足でピアノを弾き、時々ピアノの上に飛び上がりそこからピアノを弾いたりした。ピアノの鍵盤をむしりとり、それを聴衆に向って投げつけることもした。演奏がすむとピアノは完全に破壊されていることもしばしばであった。

女装をしてロック音楽のコンサートをするアリス・クーパーはステージで人形をばらばらに壊してしまったり、ギロティンで首を切断された鶏のまねをしたり、自らも首をつると思わせる見世物をしていた。そのためにアリス・クーパーは入国させてはいけない、とイギリスの国会議員が言い出すほどであった。ピート・タウゼントはギターを空中に放り投げ、それをつかみ、床にたたきつけて粉砕することをした。ジミー・ヘンドリックスはギターに可燃性の液体をかけそれに点火をした。このようなステージ上でのバンダリズムは今では特にめずらしくなってしまっている。

ロック・ビデオが狂暴な内容であるのはよく知られている。精神科医であるトマス・ラデスキーによれば、ヘビーメタルのロック・ビデオが最も狂暴で加虐的で、性的な暴力もおびただしいものがある、としている。一九六九年のテート殺人事件の時の教祖的存在であったチャールズ・マンソンはロック音楽に狂信的であったため、ロック音楽がどれだけ殺人に影響を及ぼしたのかが論争の焦点となった。

ロック音楽にありあまるほど含まれている性の表現は下位の二層の脳両方に関連している。爬虫類の脳は遺伝的にプログラムされた性を表現させ、原始的な哺乳類の脳は感情としての性を快楽として官能的に表現させ、どちらの場合もその結果を行動として実行させている。ロックン・ロールが商業的に売り出された最初の時点から、ロック音楽は性をはっきりと表面に示している。ロックン・ロールという表現そのものもブルースとリズム・アンド・ブルースで使われていた隠語二つ、「ロック」と「ロール」を組み合わせたもので、どちらも「性交」という意味である。エルビス・プレスリーはステージであからさまに性交を暗示するような動作をし、「エルビス・ザ・ペルビス（腰振りエルビス）」と攻撃された。

最初は暗示する程度であったロック音楽の性表現は次第にそのものずばりの方向をたどるようになった。ジム・モリソンはステージでわいせつな言葉を叫び、自らの性器を露出した。フランク・ザッパもステージでわいせつな言葉を叫んだ。グレース・スリックはステージで自分の乳房を露出することをした。ルビーとレッド・ネックスのルビーは自分の乳房をマラカスに見たて、それを振って見せた。一九七五年にはドンナ・サンマーはオルガスムの歌を歌った。モトリー・クルーはエレベーターの中での性交を歌い、オルガスムの時の各種の発声を再現した。ロック音楽の性のあからさまな表現として最も有名になったのは、おそらくジョン・レノンとヨーコ・オノのレコード・アルバムのジャケットであろう。ジャケットの表は前から見た二人の完全な素っ裸の写真、裏はやはり何も着ていない二人の背後からの写真であった。これはロック音楽ではなくて、なにも隠さない二人の前と後の写真を売るのが目的であったのかどうかは明らかでない。

# 第八章　ゲットー文化の勝利と西洋文明の崩壊

過去半世紀ほどロック音楽はあらゆる種類の攻撃、嘲笑、批判、反対に直面してきた。これに対しロック音楽支持者は、「保守的」、「非民主的」、「人種主義的」、「反自由主義的」、などといった表現を用いてロック音楽反対者に対し猛反撃をした。考えようによっては、このような描写による反撃はもっともなのかもしれない。二〇世紀後半以来の西洋文明の価値観から見れば、場合によっては「保守的」であるのは時代の変化を受け入れないことになり、望ましくないのかもしれない。「非民主的」や「人種主義的」や「反自由主義的」であるのも現在では大衆から攻撃の的にされる可能性がある。にもかかわらず、山積されたロック音楽反対者の発言を読みなおして見ると、少なくともその一部は、この半世紀に見られた西洋の文明化の反転と退行を示している印象を受ける。

思想的に「革新的」、「民主的」、「反人種的」、「自由主義的」などであれば、そのような観点からロック音楽を礼賛し、反対者を非難し攻撃するのは当然の権利として認められるべきである。意見は意見として尊重されるべきで、これは賛否両方について言えることである。しかしここで問題なのは、いかなる立場の意見であっても、あまりにも狂信的になりすぎると物事を冷静に、そして客観的に観察し判断できなくなる危険があることである。自分のすること、自分たちのすること、自分の支持者、崇拝者はすべて正しく、それに反対する者はすべて誤っているから排除しなければならない、といったドグマを信奉する危険である。ロック音楽演奏家とそれを狂信的に支持する崇拝者にはこの傾向があると思われる。

## ロック音楽反対意見の再考

いくつかの例をあげてロック音楽反対者の意見を再考してみたい。ロック音楽のリズムについて、ピッツバーグ市のある警察官は「リズムは何か特別の催眠術のような効果をもたらす」、と述べている。イギリスで映画『黒板のジャングル』上映の後に起った騒乱について、ウールウィッチの司教は「映画の中の催眠術をかけるようなリズムと狂暴な身振りは気を狂わせる効果をもたらす」と発言している。リズムが人間の心理状態に与える影響は科学的にあまりよく理解されていない。しかし太鼓などの打楽器を用いて心理状態に変化をもたらし、恍惚状態におちいらせたり、幻覚を見るようにしたり、異様な考えを持たせたり、日常しないような行動をさせたりする現象はいろいろな文化に見られ、シベリアのシャーマニズム、アメリカ・インディアンのメデシン・マン、ハイチのブードゥーなどは有名である。ロック音楽で繰り返される強烈で単調なリズムが同様な効果をもたらし、新皮質の影響力を低下させ、下部の二層の脳の活動を活発にすることは充分考えられる。『リーダーズ・ダイジェスト』の広報部長チャールス・ピンチマンがロック音楽は「人間の野蛮な本能」を呼び起こすと述べているが、これは丁度この点を指摘している。ニューオルリンズ地域全体の市民協議会は、ロック音楽はアメリカの若者の道徳を堕落させていると警告し、ロック音楽を「わめき叫ぶ知能程度の低い歌詞と野蛮な音楽」と描写している。一九五六年にアラバマ州の人種隔離主義者アサ・カーターは、ロックン・ロールは人間の根底にあるものを刺激し、動物の野生さと下品さを引き出している、と述べている。ジョン・バーチ協会の雑誌『アメリカン・オピニオン』の記事は、ロック音楽は「宗教、道徳、祖国愛、生産性をばかにし、麻薬、破壊活動、革命、性の乱れを賛美する」との意見を述べている。

これらの批判や攻撃を使い古された政治的表現を用いて反撃したり、または無視することは容易である。しかしそれと同時に、これを客観的に熟考してみる必要もあると思われる。ロック音楽に対する反対と攻撃にはなにか反対と攻撃以上の意味合いが含まれているのではなかろうか。

ここには社会の中で起っている大変化を的確に描写している何かがあるのではなかろうか。反対の意見の中にしばしば現われる「道徳」という表現を、新皮質が支配的な状態と解釈し直し、ロック音楽を下部の二層の脳に直結している音楽と仮定すれば、ロック音楽についての賛否両論は脳の活動状態の違いから発生するものと言える。賛成派は下部二層の脳の支配を支持し、反対派は新皮質の支配を主張している、というわけである。

## 西洋文明崩壊の恐れ

この解釈が正しければ、西洋文明の文明化が反転し退行してゆく状態そのものを描写していることになる。発言者の政治、宗教、人種、音楽などについての観点に関係なく、発言そのものを客観的に考えてみると、その内容は至極もっともである。誰が発言したかということよりも、その発言は正しいのであろうか、客観的に見て適切であろうか、と検討してみると、少なくとも脳科学の観点からは、三層の脳の活動の仕方が変化してきたことを示している、という結論が出せる。ロック音楽というものがアメリカのアフリカ系住民の間から発生したため、ロック音楽を非難し攻撃することは人種主義のように解釈され、事実人種主義者の一部はその理由のためにロック音楽を非難し攻撃する。これは誠に不幸なことであるがロック音楽そのものは人種主義の結果として形成されたゲットー文化の産物であることは疑いのない事実である。

かねてからロック音楽を聞くと犯罪を犯す、という主張がなされている。すでに一九五六年に『ニューヨーク・デイリー・ニュース』は、ロック音楽は「未成年者に犯罪を犯させる」と書いている。ロック音楽支持者は、いわば当然のことながら、このような攻撃は事実ではない、と反撃している。しかしこれを客観的に観察してみると、ロック音楽と犯罪的行動が関連しているのは否めない。ロック音楽演奏家の一部、そしてファンの一部は明らかに破壊行為をしておりその被害も場合によってはおびただしいことはすでに述べた。ローリング・ストーンズのアルバムの一つには「このアルバムを買う金がなかったら、その辺にいる盲人の頭を殴って財布を奪い取り、その金で買ったらよい」といった内容の文章が印刷されている。ロック音楽と麻薬の関係も今では特に述べる必要もないほどである。

ロック音楽に対する攻撃の多くは、これでは西洋文明は崩壊するのではないか、という恐怖感の表明でもある。作曲家で指揮者のハワード・ハンソンは、西洋文明は方向を見失い、その価値観は失われた、としている。コロンビア大学の精神科医A・M・メリオは「葬式踊りの大流行」によって西洋文明は滅びる、と見ている。ここで「葬式踊り」というのは昔ニューオルリンズ一帯で、アフリカ系住民が遺体を墓場に埋葬した後、踊りながら墓場から帰る時に演奏した音楽がニューオルリンズ・ジャズの始まりであったことに言及しており、ロック音楽も同類のものと考えているためである。雑誌『ミュージック・ジャーナル』の編集部は、ロック音楽は西洋を攻撃し崩壊させる、と書いている。これと全く同じことを音楽評論家スティーブ・レースが述べており、ロック音楽の影響で西洋は崩壊する、としている。ジョン・バーチ協会の雑誌『アメリカン・オピニオン』は「ロック音楽は……なぜか我々の子供たちに大きな影響を与えるようになり、その結果我国の将来にも大きな影響を与えるようになってしまった」、と書いている。

## 人間行動の抑制の必要性

これらの批判が西洋文明の崩壊を恐れている理由は、他の数多くのロック音楽反対の意見と全く同じである。ロック音楽に反対する理由は事実上すべて自由奔放な性の表現、狂暴さ、下品さ、つまり下部の二層の脳の機能そっくりそのままの表現に対する反対である。

問題の根底にあるものはこれである。どんな文明でも、もし下部の二層の脳が全く制限されず、文明内の人間たちがこの二層の脳が指示するままに行動すれば、当然の結果として殺人、強姦、盗み、土地や領土の争い、嫉妬心や盗みの結果の殴り合いや殺し合い、などが日常茶飯事となる。母親はある程度子供の世話をするであろうが、赤の他人に対する思いやりなどは全く存在しない。車を運転する者は他人を無視し、歩行者を轢き殺したり他の車を無視して事故を起こしたりする。

これでは社会は機能できなくなり、文明が崩壊してしまうのは火を見るより明らかである。

その意味では、文明を維持するためには、下部の二層の脳は新皮質によって制御されなければならない。これは政治思想がどうであるとか、人種主義者であるとかないとか、と言ったことに全く無関係な自明の理である。これを公理として文明の出発点とし、文明内の者すべてが受け入れなければ文明は成り立たない。世の中には本当の自由主義を知らない「自由主義者」が横行しているが、このような「自由主義者」はこの点が理解できないようで、すべての制限は「表現の自由」に反するとか、「全体主義」であるとか、「ファシズム」であるとか言い出す。ロック音楽の望ましくない面を批判し続けているアフリカ系活動家ジェシー・ジャックソンはこの種のいい加減な「自由主義者」よりはるかに知能程度が高いと言わなければならない。

精神分析者のフロイトは、社会を維持するためには人間行動の抑制が必要であると述べている。フロイトの用語を用いれば、超自我がイドを抑制することであるが、これはマックレーンやベイリーの表現を用いれば新皮質が下部の二層の脳を抑制することに相当する。一九六〇年代と七〇年代に、反体制の若者に人気のあった社会哲学者ハーバート・マルクーゼは、フロイトの考えを批判しそれを改善する試みをしている。マルクーゼは抑制にも二種類あるとし、「基本的抑制」と「過剰抑制」という表現を用いている。「基本的抑制」とは、直ちに満足させたい欲望を抑制することで、これは社会を維持するためには必要であるとしている。性の衝動を抑制するのは一例である。これに反し、「過剰抑制」とは社会の中の権力者たちが自分たちの特権や地位を維持するために他人を抑制する現象を指し、マルクーゼはこの「過剰抑制」は拒否している。政治思想の立場に関係なく、我々のほとんどはこのマルクーゼの主張に同意するのではなかろうか。筆者も例外ではない。ロック音楽礼賛者は明らかにこの「基本的抑制」さえ拒否しているわけで、ここに問題そのものがある。これでは西洋文明が崩壊する、と恐れる人々がいるのも当然である。

## 奴隷制度の教訓

社会、文化、文明を理解しようとする場合、まず最初に肝に命じておかなければならない命題は、人間の行動の結果はわからない、という点である。これはオーストリア学派と呼ばれる経済学の学派が特に強調する観点であるが、これは学問の分野や学派などに関係なく、誰にとっても記憶しておくべき重要な点である。これは人間がある行動をした場合、その行動の結果のすべてを知ることができると思ってはいけない、という観点である。

勿論、人間がある行動をとった場合、ある特定の結果をもたらしたことを知ることはできる。しかし現実にはそれ以外にも全く別の結果をもたらしていて、それに気づかない可能性もある。かなりの日時が経過した後でそれを発見する場合もある。しかし、そうだからと言って、それで最初の行動の結果すべてを知ったことになるとは言えない。それより更に後になって全く別の結果を新たに発見する場合もある。もっと的確な表現を用いれば、行動の結果のどれだけが発見され、どれだけが未発見であるかもわからない。我々はすべてこの状態で生きていることを常に意識しておく必要がある。

例を上げればきりがない。サリドマイドなどの薬害は製薬会社にとって全く予期できなかったものであったとすれば、薬品を市場で販売し始めた時点では薬害のことは知られていなかったわけである。ＤＤＴなども同様で、一時は大々的に社会で使用され、大分後になって好ましくない結果をもたらすことが判明し、使用中止となった。自動車メーカーは問題のない商品を市場に送り出そうと努力しているものと思われるが、それでもリコールはたえず繰り返されている。我々は離婚するために結婚するのではないであろうが、離婚する人は多い。結婚する時点では全く予期できなかった何かを結婚してから発見し、それに対処できなくなり離婚をするものと思われる。極端な表現をすれば、社会、文化、文明というものは数多くの行動とその結果の発見、といったことの繰り返しと言える。そしてまだ発見しない結果もどこかに潜んでいると仮定すべきである。

歴史というものは、大変多くの人間の行動が長期にわたって実行された結果と見なすことができる。従って歴史を振り返ってみれば、ある行動がまったく予期しなかった結果を生み出してしまった例も多く見られる。その中でも最も劇的な例は本書で取り上げた出来事である。西洋文明が侵略主義、殖民主義、人種主義の産物として奴隷制度を実行し始めた時点では、それが将来アメリカと呼ばれるようになった植民地で奴隷たちに、そしてその子孫たちに非人道的な苦痛を与え、それが下部の二層の脳の活動に基づいた大変特異な下位文化を形成する材料となり、それからロック音楽が発生して全アメリカ社会に広がり、西洋文明全体に広まり、その結果が西洋文明を崩壊の危機にさらすようになることは誰にも全く予測できなかったであろう。この一連の複雑な出来事を一口で表現すれば、西洋文明は自らの墓穴を掘ってしまったわけである。アフリカ人たちの立場から表現すれば、やはり全く予期しない形で侵略主義、殖民主義、人種主義の西洋文明に致命的な復讐をし、それを崩壊させることである。これは人間という霊長類の動物の愚かさと、歴史の気まぐれさを誠に興味深い形で示してくれる教訓であろう。

【仮定その三】ある文明内で、意図的であるかないかに関わらず、下部の二層の脳を活性化する条件が作り出され、文明内の多数の人間がそれに基づいた生き方を受け入れれば、その文明は衰退し崩壊する危険性がある。

## 伝統的西洋文明とロック文化の対決

ここでぜひとも追加しておくべき点がある。西洋文明はロック音楽による征服だけのために崩壊するとは言えないかもしれない。中世のヨーロッパの終わりから始まった文明化の圧力は、新皮質による下部の二層の脳の支配を次第に強力なものとし、考え方によればあまりにも不自然とも言える状態にまでなってしまった。好むと好まざるとに関わらず、人間はすべて三層の脳を持っているわけであるから、この文明化の圧力に下部の二層の脳が我慢できずに反発するのは自然な成り行きであるとも言える。そして事実そうなってしまった。奴隷制度がなかったとしても、文明化の反転と退行が起った可能性はある。しかしその反転と退行がどの程度起ったかは推測しがたい。ことによったら三層の脳のバランスが比較的うまく行ったように見えるロマン主義の状態が現在でも続いていたのかもしれない。しかしここではっきり断言できることは、ロック音楽が西洋文明を完全に乗っ取ってしまったことによって、文明化は完全に拒否され、下部の二層の脳を活発にする生き方を礼賛する現在の世界になったのである、という点である。

極端な条件の下で過酷な生き方を強制され続けてきたアフリカ人の奴隷とその子孫たちは、その異様な体験に基づいた独自の文化を作りだし、世界にこのような感情の世界があることを教えてくれた。ジャズのブルー・ノーツの官能性や、タンゴの演奏に見られる鋭い歯切れのよいリズムと極度に感傷的なメロディーの組み合わせは独自のものであり、このような体験方法を世界に貢献したわけである。しかしこの文化があまりにも独自であるために発生してしまった問題を見逃してはいけない。このような下部の二層の脳の支配を強調する文化は伝統的な西洋文明とは両立しがたい。これが現在のアメリカとヨーロッパで繰り返し繰り返し見られる社会問題である。

伝統的に定義された西洋文明は新皮質が下部の二層の脳を抑制する文明である。礼儀作法を重んじ、他人に配慮し、他人に迷惑をかけないように心がけ、といったことは文明化の基本であった。しかし下部の二層の脳が主役となればこれを無視することになる。極度の音量のロック音楽による騒音公害、グラフィティだらけの欧米の大都市、麻薬の蔓延、バンダリズムによって破壊された電車や公園のベンチや商店、些細な理由による殺人事件、当たり前のように起こる強姦事件、などは現在のアメリカでもヨーロッパでも誰も驚かないほど日常茶飯事となってしまっている。世界銀行、国際通貨基金、G7、G8などの会合があるとデモがある。しかしほとんどの場合デモ行進だけでは終わらず、銀行や商店はスプレーの落書きをされたり窓ガラスを壊されるのが常である。「リクレイム・ザ・ストリート」と呼ばれる運動も必ずこのような破壊活動をする。これらの現象はすべて西洋文明とロック文化の正面衝突そのものである。

## 西洋文明の将来

それでは一体、西洋文明の将来はどうなるのであろうか。おおまかに考えて、二つの可能性がありうる。それは（一）新皮質の機能が二分され、倫理や道徳に関連している機能は下部の二層の脳に対する支配力を失い、残りの部分は下部の二層に従属して機能するようになる、または（二）中世のヨーロッパで起ったような文明化が、新しい形で発生する、という可能性である。

一番目の可能性は、西洋文明がその性質を完全に変革してしまい、新皮質の支配力がほとんどなくなった文明となる可能性である。表面的には西洋文明に見えるかもしれない。現代西洋文明の二つの特徴は極度に進歩した技術と成熟した資本主義である。電子工学や生物工学などの技術はこれまでどおり存在し、進歩をし続けるであろう。資本主義もあまり変化せずに利潤の追求を継続し続けるであろう。しかし思想的には、下部の二層の脳の要求に支配される大衆によって決められる政治方式が支配するものとなる。

資本主義が新皮質によって支配された人々によって管理運営されていれば、そして特に伝統的な倫理観や道徳観をもった人々によって管理運営されていれば、資本主義は利潤を求めてあらゆる分野に入りこむことはしない。ある特定の企業活動が法律で禁止されている場合もある。金儲けができるのが明らかでも、伝統的な西洋文明の価値観では倫理的、道徳的な理由で好ましくなければそのようなことはしないであろうし、見つかれば法律に違反し罰せられるかもしれない。文明化の結果、そのような行動はしない判断になる。中世のフランス人とは異なり、少なくとも筆者の知る限りでは、現在のヨーロッパでは夏至祭に生きた猫を火の中に投げ込み、猫が生きたまま焼き殺されるのを見て喜ぶことはしていない。現在の西洋文明の価値観から判断すれば、そのような行動は受け入れられない。従って現在の西洋では、夏至祭の一環として猫を焼き殺すお祭りを見世物にし、入場券を販売して観客を呼び集め、金儲けをする商売は存在しない。

しかし下部の二層の脳が人々の考えと行動をより強力に支配するにつれて、そのようなお祭りを復活する動きが大衆の間に高まり、金儲けの機会を虎視眈々として狙っている業者が直ちに同調し、復活させることも充分考えられる。中世のヨーロッパ以来の伝統として、スペインでは闘牛はスペイン国民の心を象徴するものと見なされ、動物愛護の団体の反対などどこ吹く風といった意識である。この実態を考えれば、猫燃やしのお祭り、「燃猫祭」なるものが近い将来にヨーロッパで再現するかもしれない。

## 下部の二層の脳の召使としての技術

このような憶測をする充分な理由も存在する。現在の西洋文明では、技術は事実上下部の二層の脳に雇われている召使になってしまっている。すでにビデオやＤＶＤは爬虫類の脳が関与する二つの機能、すなわち性と暴力、を社会に供給する役割を果している。携帯電話やインターネットは性と麻薬の取引に不可欠な道具である。勿論、性や暴力のビデオやＤＶＤの製造と販売、そして性や麻薬の取引を法的に規制しようと試みることはできる。しかし法的規制があれば、そのような活動は地下に潜り、以前と同様に活動を続ける。

このような地下で売買されている商品には有名なものもあるようで、アルゼンチンで制作されたと言われているビデオでは、水商売の女性があらゆる形で拷問され、あげくの果てに殺され、死体がばらばらに切り裂かれるそうである。これはすべて実際の出来事を始めから終りまでビデオに収録したもの、とされている。このような地下で配布される商品は、鍔の心しか持たない人間を対象にしたものであり、それが世界で広く売買されていることは、それを買う充分な数の人間の顔をした鍔が存在することを意味する。性のビデオでも同意した大人同士のものならまだしも、子供を扱った加虐的なものも地下で、場合によっては地上で、正々堂々と売買されているようである。筆者が本書の中でこれまで述べてきたことに納得できなかったり、疑問をいだいた読者でも、これまで言えば筆者の言いたい点を理解していただけるものと信じる。

このような活動が、ある特定の国の限られた地域、階層、集団の間だけでのものであれば目をつぶって忘れてしまうことも可能かもしれない。法的に規制をし、違反者を罰することもある程度可能かもしれない。チャウチェスク独裁時代のルーマニアでは、タイプライターを所持していると反体制の文書を大量に作成し配布することを企んでいる危険分子と見なされ、タイプライターは没収された。しかし現在の世界はそうではない。現在はあらゆる意味での「国際化」と

「グローバライゼーション」の時代である。悪い意味での市場経済が横行し、技術はそれに奉仕をする召使である。インターネットは世界を包囲し、誰からでもどこからでも何でも瞬間のうちに届けることができる世の中である。これを規制しようとしても完全に規制するのは不可能である。仮にインターネットの通信を規制しても、あらゆる種類のメモリーを用いればどんな内容のものでも簡単に国から国へと輸出入できてしまう。それを大量に複製するのも子供でもできるほど簡単である。技術の進歩で最も恩恵を受けるのは爬虫類の脳である。

人間の行動は倫理と道徳で制限されなければならない。これは人間社会、文化、文明を維持するためには不可欠な公理である。制限になる対象は経済体制も含む。経済の方式が社会主義、共産主義、社会民主主義、資本主義など、どのように呼ばれていても倫理と道徳による制限は必要である。考え方によっては、人間行動の制限は好ましくない、と言えるかもしれない。その場合には経済活動の制限は必要悪であろう。社会主義にしても資本主義にしても、倫理と道徳によって制限されなければ破局になる。社会主義経済に比較すれば、資本主義経済ははるかに効果的であり、その意味では資本主義経済が全く自由奔放に活動する場合には危険性ははるかに切実となる。倫理と道徳は新皮質だけに関連している。従って下部の二層の脳が新皮質をいいなりに支配するようになれば、効果的な資本主義と鰐の脳という最悪の組み合わせになる。

## ロック文化に支配される市場経済

世の中にはいつでも楽天的な人々が存在し、悲観的に考える人々とは異なる意見を持っている。これは多様性の観点から望ましく、結構なことである。楽天家は、社会の中には常に反対勢力が存在するから人間が鰐になる可能性を阻止することができる、人間は高い知能を持っているからそのような破局を回避することができる、人間は獣ではないから人間が鰐になることはない、などと言うかもしれない。このような意見は慰めにはなるが、事実はこれとは異なる。いくつかの例をあげてみたい。

現在の市場経済万歳の世界では、商業主義が採決権を握っている。ロック音楽が巨大な収益をもたらすことが明白になれば、たとえロック音楽に大反対の人間であっても金の力に目がくらみ、ロック音楽大賛成の側にまわってしまう。これは一九五〇年代のアメリカのテレビの歴史を見ればば理解できる。

当時のアメリカでは、二つの人気テレビ番組がライバル意識をむき出しにして視聴率を上げようと競争していた。『スティーブ・アレン・ショウ』と『ザ・エド・サリバン・ショウ』である。『スティーブ・アレン・ショウ』は毎回視聴率では負けていた。これではいけないということで、この番組はエルビス・プレスリーにギターなし、腰の動作なし、の条件で出演させた。この企画は大成功で、初めて競争相手の番組より高い視聴率を得ることができた。エド・サリバンはエルビス・プレスリーとロックン・ロールが嫌いで、ロックン・ロールを公に攻撃し、自分の番組にそのようなものは見せない方針であったが、最新の視聴率の調査でなぜ自分の番組が負けたか理解すると直ちに方針を一八〇度転回し、プレスリーに三回も出演させることにした。

フランク・シナトラはロックン・ロールを激しく攻撃していたものの、数年後にはプレスリーと二重唱をする仲にまで変身し、お互いの作曲した曲を歌うまでになった。ロック音楽を嫌っていたミッチ・ミラーも自分の番組にロックン・ロールを入れるようになった。アメリカでは「敵を負かせないなら自分も敵の一員になれ」ということわざがあるが、お金が神様である商業主義の世界、娯楽の世界では、このことわざのとおりにすれば生き残れるわけである。ABCレコード社の副社長オティス・スミスはロック音楽のあまりにもわいせつな歌詞に反対であったが、大衆がそのような商品を欲するのであれば、会社としてもそれを供給する義務がある、と発言している。

宗教界は視聴率や金儲けを考える必要はないはずであるから、商業主義などとは無関係のはずである。にもかかわらず、実態はテレビやレコードの世界と同じである。一九六八年に、ローマ教会は「若者のためのミサ」なるものを毎週行うようになり、ミサの中でロック音楽を演奏するようになった。イタリアの日刊紙『イル・メッサジェロ』はそのようなミサは最も神聖である場所での神への冒涜であるから中止して欲しい、と要求した。しかしサンタ・アレッシオのブルーノ神父は、これで沢山の若者が集まるようになった、と言って中止の要求を拒否した。教会さえもテレビ局のようになってしまったのである。二一世紀始めの各種のキリスト教の教会では、ロック音楽の演奏は当たり前になっている。正統派のユダヤ教の礼拝にもロック音楽が入りこんでいる。

過去においては、ロック音楽は「ジャングルの音楽」であるとか「ニグロの音楽」などと人種主義者から軽蔑され攻撃されていた。これから考えれば、人種主義者やナチスはロック音楽反対の最も強力な勢力であるはずである。しかし現実はそうではない。どちらのグループもロック音楽を愛好し、人種主義の内容の歌詞のついたロック音楽が自分たちの集会で演奏されている。客観的に考えれば、人種主義者やナチスにはロック音楽は最も不適切であり、ワグナーのオペラやバイエルンの民俗音楽のほうが適切ではないかと思えるが、事実は誠に不可解である。ロック音楽に内蔵されている鰐への魅力がそうさせるのであろうか。

## 最も可能性の高い西洋文明の将来像

二番目に考えられる西洋文明の未来とは、新しい形の文明化を導入することである。中世のヨーロッパで始まった文明化は宮廷社会がその発生源であった。これはフランス国王によって社会の下の者たちに浸透し、同じことがヨーロッパ各国で繰り返され、王室から下部へと浸透した。この文明化の現象はいわば無限の権力を欲しいままにしていたフランス国王があってこそ可能であった。新しい形の文明化には、いろいろな方式がありうる。しかし文明化が成功するには、無限の権力を保持している、ルイ一四世にも匹敵する存在が必要である。自由、平等、民主主義を謳っている現在の西洋文明にはそのような権力者は存在しないし将来出現する可能性もまずない。従って新しく文明化を導入することは不可能であろう。

文明化をすることは意図的に新皮質を支配的にすることである。そしてこれはベイリーが指摘するように、簡単なことでもなければ特に楽しいことでもない。文明化が完成された人間の場合には、他人に対する思いやり、倫理や道徳を守ること、弱者を助けること、などは喜びになりうる。しかし少なくとも最初の段階ではそのような感情は起らない。これは子供にこのようなことを教えようとする場合を考えてみれば簡単に理解できる。子供は、兄弟喧嘩をしてはいけない、よその子をいじめてはいけない、よその子の持っているものを奪ってはいけない、などと親に命令され、不満ながらも命令に従うのがごく自然に見られる現象である。そしてこのようなことを教える場合、親は何らかの圧力を加えて子供に強制することも稀ではない。

文明化の反転を体験し、退行してしまった現代の大人たちは丁度子供と同じ立場にあり、このような大人たちに倫理や道徳を教え込むのは容易ではない。誰でも嬉しくも楽しくもないことを強制されるのはいやである。享楽的、快楽的な下部の二層の脳の支配下に育ってしまった大人であれば、文明化されるなどということは不可解であるし不愉快であろう。しかも「民主主義」の世の中では多数決が鶴の一声になる。社会の中の多数が要求し決めてしまえばそれで全てである。現在では社会の中の大多数が退行の文化で育った大衆であるからこの二番目の可能性はまずない、と仮定して間違いない。残るのは一番目の可能性、つまり新皮質は二分され、科学や技術に関連している部分は下部の二層の脳の召使となり、倫理や道徳などの支配力は事実上消えてなくなるというのが西洋文明の将来像である。

ということは、西洋文明は現在より更に官能的、享楽的、突発的、感情的な体験を強調するであろう。現在の時点、直接の体験、といったことに焦点を合わせた生き方になるであろう。自由奔放な性、麻薬、暴力、暴動、グラフィティ、バンダリズムの世界である。結果として見られるのは殺人、傷害、強姦、いじめ、嫌がらせ、といった他人に対する犯罪であり、破壊され落書きだらけの街並みである。同一視があるとすればそれは強者や攻撃者との同一視で、弱者は同一視の対象にはなりえない。要約すればこれは西洋文明圏で既にかなり長い間起りつつある現象であり、これが継続し悪化することになる。

一見、西洋文明は中世のヨーロッパのようになってゆく印象を与える。しかし中世のヨーロッパと現在の西洋との間には大きな違いがある。現在の西洋文明には中世のヨーロッパにはなかった、蓄積された科学の知識と信じられないほど進歩した技術がある。これが下部の二層の脳の言いなりになれば、恐ろしい結果になる。この点について詳しく説明する必要はない。毎日世界で起っている出来事を見れば誰にでも自ずから理解できる。そして西洋文明が侵略主義、殖民主義、人種主義によって多数のアフリカ奴隷をアメリカ大陸に連れ去り、極度の苦痛を与え、それに基づいた特異な下位文化を形成させ、その影響を受けて退行し、結局は自らも自滅をする、という文明史を振りかえると、人間という名の霊長類の動物の愚かさを痛感させられる。そしてそれと同時に、改めて人間行動の結果を予見することの不可能さを理解させられる。

# あとがき

人間として生きてゆくのは難しい。これは誰でも痛感することであろう。DNAに関しては人間に大変近いチンパンジーの場合も生きるつらさ、苦しさを感じているような印象を与える場合もある。しかしこれは本人ならず本チンパンジーに聞いてみなければわからない。それに対して、鰐はそのような考えを持たないことは確かである。爬虫類の動物として、鰐はほとんどDNAによってプログラムされた生き方に従って機械的に生きているだけである。新皮質がなければ人間のように生きる悩みはない。考えようによってはうらやましいと言える。

しかし我々は好むと好まざるとに関わらず三層の脳を与えられて生きている。人間として生きてゆく難しさは事実でありこれは無視できない。古代ギリシャの哲学者も古代中国の賢者も人間はどう生きるべきか、と教えてくれた。現代の西洋文明もいろいろな考えを生み出しているが、その中でもフロイトの精神分析は現代人に大きな影響を及ぼしている。しかし科学万能の二一世紀の現代人にとって、フロイトの考えは興味深いが何かあまりにも抽象的で科学的でない、という印象を与える。その点マックリーンの三層の脳の理論ははるかに科学的でなによりも実証的である。マックリーンの理論の影響を受けて構築されたベイリーの進歩と退行の理論もやはり実証的データに基づいた理論である。フロイトになじめない現代人にとってはこれは受け入れやすい考え方ではなかろうか。現代人はこの観点から人間という動物を理解すべきではなかろうか。

歴史社会学者ピティリム・A・ソローキンは多くの文明の興亡を研究した結果、文明を築くには感覚に基づく方法と理性に基づく方法の二つがあるとしている。感覚に基づいた文明の場合には官能的になりすぎ、性、麻薬などを強調した享楽的な文明になる危険性がある。その反対に理性を強調した文明の場合には現実にそぐわない、現実とはかけはなれた文明になる危険性がある。この二つの相対した方法を程よく組み合わせた文明は可能であり、ソローキンはそれが理想的であるとしている。筆者の主観的な判断では西洋文明の場合ロマン主義に支配されていた時代がこれに近い状態であったのではなかろうか。

二一世紀始めの西洋文明は明らかに感覚支配の文明であり、しかも官能的過ぎる。新皮質の一部は科学と技術の知識という形で鰐と蟻食いの脳の言いなりになっている。新皮質に属する倫理、道徳、思いやり、同情などの考えは下部の二層の脳を制御できなくなってしまっている。これでは西洋文明は崩壊する。いつ崩壊する、という特定の時点を示すことは残念ながらできない。文明は長い年数をかけて少しずつ崩壊してゆくのが通常である。我々はそれを意識しておく必要がある。

# 引用ならびに参考文献


会田雄次『アーロン収容所』中央公論社、１９７３年

北原　惇『なぜ太平洋戦争になったのか』ＴＢＳブリタニカ、２００１年

北原　惇『幼児化する日本人』リベルタ出版、２００５年

北原　惇『生き馬の目を抜く西洋文明』実践社、２００６年

Bailey, Kent G., Human Paleopsychology. Hillsdale, New Jersey: Lawrence Erlbaum Associates, 1987.

Barker, Danny, A Life in Jazz. London: Macmillan, 1986.

Berlin, Isaiah, Four Essays on Liberty. London: Oxford University Press, 1969.

Bettelheim, Bruno, "Individual and Mass Behavior in Extreme Situations," Journal of Abnormal and Social Psychology, Vol. 38, 1943, pp. 417-52.

Charters, Samuel B., The Country Blues. New York: Plenum, 1959.

Dawkins, Richard, The Selfish Gene, 3rd ed. Oxford: Oxford University Press, 2006.

Denisoff, R. Serge, Sing a Song of Social Significance, 2nd ed. Bowling Green, Ohio: Popular Press, 1983.

Drake, St. Clair, and Cayton, Horace R., Black Metropolis. New York: Harcourt, Brace, 1945.

Elias, Norbert, The Civilizing Processes, Vol. 1. Oxford: Basil Blackwell, 1978.

Elias, Norbert, The Civilizing Processes, Vol. 2. Oxford: Basil Blackwell, 1982.

Elias, Norbert, The Court Society. New York: Pantheon Books, 1983.

Elkins, Stanley, Slavery. Chicago: University of Chicago Press, 1959.

Fagan, R., Animal Play Behavior. New York: Oxford University Press, 1981.

Fogel, Robert William, and Engerman, Stanley L., Time on the Cross. Boston: Little, Brown and Co., 1974.

Foner, Philip S., History of Black Americans. Westport, Connecticut: Greenwood Press, 1975.

Frazier, E. Franklin, The Negro Family in the United States. Chicago: University of Chicago Press, 1939.

Freud, Anna, The Ego and the Mechanisms of Defense, rev. ed. New York: International Universities Press, 1982.

Freud, Sigmund, Civilization and Its Discontents. London: Hogarth Press, 1946.

Godbolt, Jim, The World of Jazz. London: Studio Editions, 1990.

Goodall, Jane, The Chimpanzees of Gombe. Cambridge, Mass.: Belknap Press, 1986.

Grissim, John, Country Music. New York: Paperback Library, 1970.

Gutman, Herbert G., The Black Family in Slavery and Freedom, 1750-1925. New York: Pantheon Books, 1976.

Hayek, Friedrich A., The Constitution of Liberty. Chicago: University of Chicago Press, 1960.

Hebdige, Dick, Subculture. London: Methun, 1979.
Hinde, Robert A., Ethology. Oxford: Oxford University Press, 1982.
Hofer, Myron A., The Roots of Human Behavior. San Francisco: W. H. Freeman, 1981.
Hopkins, Jerry, Elvis. New York: Simon and Schuster, 1971.
Jahn, Mike, Rock. New York: Quadrangle, 1973.
Jones, Norrece T., "The Black Family as a Mechanism of Planter Control," in J. William Harris, ed., Society and Culture in the Slave South. London: Routledge, 1992.
Kardiner, Abram, and Ovesey, Lionel, The Mark of Opression. New York: W. W. Norton, 1951.
Kawai, M., "Newly Acquired Pre-Cultural Behavior of the Natural Troop of Japanese Monkeys on Koshima Islet," Primates, Vol. 6, 1965, pp. 1-30.
Kitahara, Michio, Children of the Sun. New York: St. Martin's Press, 1989.
Kitahara, Michio, The Tragedy of Evolution. New York: Praeger, 1991.
Kitahara, Michio, The Entangled Civilization. Lanham, Maryland: University Press of America, 1995.
Kitahara, Michio, The African Revenge. North Charleston, North Carolina: Phoenix Archives, 2003.
Lafontant, Juien J., Understanding a Culture. New York: Peter Lang, 1988.
Levy, Alan H., Radical Aesthetics and Music Criticism in America 1930-1950. Lewiston, New York: Edwin Mellen Press, 1991.
Lorenz, Konrad, The Foundation of Ethology. New York: Springer Verlag, 1981.

MacLean, Paul D., The Triune Brain in Evolution. New York: Plenum Press, 1990.

Malone, Bill C., Country Music USA. Austin: University of Texas Press, 1968.

Marcuse, Herbert, Eros and Civilization. Boston: Beacon Press, 1966.

Martin, Linda, and Segrave, Kerry, Anti-Rock. Hamden, Connecticut: Archon Book, 1988.

Menger, Carl, Investigations into the Method of the Social Sciences with Special References to Economics. New York: New York University Press, 1985.

Moynihan, Daniel P., The Negro Family. Washington D.C.: U.S. Government Printing Office, 1965.

Orman, John, The Politics of Rock Music. Chicago: Nelson-Hall, 1984.

Rawick, George P., ed., The American Slave, Supplement ser. II. Westport, Connecticut: Greenwood Press, 1977.

Rogers, Dave, Rock'n'Roll. London: Routledge and Kegan Paul, 1982.

Shaw, Arnold, Honkers and Shouters. New York: Macmillan, 1978.

Shilling, Chris, The Body and Social Theory. London: Sage Publications, 1993.

Sinclair, John, "Popmusik ist Revolution," Sounds, Vol. 1, 1968.

Smith, Euclid O., Ed., Social Play in Primates. New York: Academic Press, 1978.

Sorokin, Pitirim A., Social and Cultural Dynamics, 4 Vols. New York: American Book Company, 1937-41.

Swenson, John, Bill Haley. London: W. H. Allen, 1982.

Thiessen, Rudi, "It's Only Rock'n'Roll but I like it," in Zu Kult und Mythos einer Protestbewegung. Berlin:

Medusa, 1981.
Wicke, Peter, Rock Music. Cambridge: Cambridge University Press, 1990.
Wilson, William J., The Truly Disadvantaged. Chicago: University of Chicago Press, 1987.
Witcomb, Ian, After the Ball. London: Allen Lane, 1972.
Wyatt-Brown, Bertram, "The Mask of Obedience: Male Slave Psychology in the Old South," in J. William Harris, ed., Society and Culture in the Slave South. London: Routledge, 1992.

## 〈文献解説〉

第一章　人間は動物である

環境操作の進化については Hinde (1982, pp.107-108)、Kawai (1965)、Goodall (1986, pp.536-539)、操作動機とその問題点については Kitahara (1991, 1995)、人間の多様性については Kitahara (1991) を参照されたい。Dawkins (2006) は利己主義と愛他主義を遺伝子的に考察した名著である。

第二章　行動を制御するメカニズムの進化

「三層の脳」については MacLean (1990) を是非とも原文で始めから終わりまで読んでいただきたい。難解であるが大いに教えられる本である。MacLean の逸話については Hofer (1981, p.13) を参照されたい。ベイリーの「進歩と退行」の理論も「三層の脳」の理論と同様に原文で始めから終わりまで注意深く読んでいただきたい。膨大な資料の集積はすばらしく敬服に値する。攻撃者との同一視について一般的には Freud

(1982, pp.110-113)、強制収容所のユダヤ人の場合はBettelheim (1943)、日本人についてはKitahara (1989) と北原 (2001, 2005, 2006) を参照されたい。チンパンジーの愛他的行動についてはGoodall (1986, p.378) を参照のこと。

第三章　西洋はどのようにして文明化されたのか

オーストリア学派の経済学者が強調する、予期できない出来事の発生についてはMenger (1985) が入門書として適切である。エリアスの「文明化の過程」については二冊の本があるがElias (1978) が礼儀作法の発達について、Elias (1982) が文明化について述べている。宮廷社会についてはElias (1983) を参照されたい。文明化されたため発生した三種類の予期されなかった結果についてはShilling (1993,pp.159-161) からの引用である。アーロン収容所については会田 (1973) をご覧いただきたい。

第四章　文明化現象の後退

「正の自由」と「負の自由」についてはBerlin (1969, pp.124, 131)、Hayek (1960, p. 425, Note 26)、Kitahara (1995, pp. 64-66) が適切である。アフリカからアメリカへの奴隷貿易についてはFoner (1975) が最良書であろう。Lafontant (1988, p. 92) はアフリカのどの地域から奴隷が送り出されたかに詳しい。『モイニハン報告書』とはMoynihan (1965) である。Fogel and Engerman (1974) とGutman (1976) は『モイニハン報告書』後に現れた多くの研究の中でも特に優れている。Frazier (1939) とElkins (1959) は現在では批判されてはいるものの、やはり一読に値する。Jones (1992) は奴隷操作の方法として売り飛ばす脅迫について書いている。ゲットーの歴史についてはWilson (1987) が詳しい。

第五章　アメリカで起こった退行と同一視

Drake and Cayton (1945) はこの種の研究としては比較的初期のものであるが参考になる。Kardiner and Ovesey (1951) は批判されているが大筋としては正しいのではなかろうか。自己嫌悪と攻撃者との同一視についてはユダヤ人の場合はBettelheim (1943)、日本人の場合にはKitahara (1989) と北原 (2001, 2005, 2006) を参考にされたい。啓蒙思想家が奴隷制度を容認していた点についてはFogel and Engerman (1974, p. 31) とLafontant (1979) をご覧いただきたい。キリスト教の奴隷制度に対する態度はFogel and Engerman (1974, p. 30-32) が詳しい。

第六章　アフリカ系下位文化の浸透

ジャズの歴史についてはGodbolt (1990) とBarker (1986) が、ブルースについてはCharters (1959) とDenisoff (1983) が詳しい。リズム・アンド・ブルースの始まりについてはMartin and Segrave (1988, pp. 4-5) とRogers (1982, pp. 30-31, 33) を参照されたい。エルビス・プレスリーについてはRogers (1982)、Shaw (1978)、Denisoff (1983, pp. 179-180) が興味深い。ロックン・ロールの初期についてはWicke (1990, pp. 16-17, 25)、Rogers (1982, p.56)、Martin and Segrave (1988, p.5) が良い。ロックン・ロールとカントリー音楽との関係についてはGrissim (1970)、Malone (1968, pp. 229-30)、Wicke (1990, p.38) が適切である。ロックン・ロールの初期の成功についてはRogers (1982, p.13)、Wicke (1990, p. 17, 8)、ロック音楽を身体

の振動として感じる点についてはWicke (1990, p. 99)、享楽性についてはSinclair (1968, p.106) を参照されたい。

### 第七章　ロック音楽への攻撃とその敗退

ロック音楽への攻撃に関する最良書はMartin and Segrave (1988) であろう。ロック音楽礼賛の観点から書かれた本ではあるが資料に大変詳しい。学術的な意味での引用源を知るにはKitahara (2003,Chapter 14) が適当である。ロックン・ロール初期の騒動についてはMartin and Segrave (1988, pp.8,30-34, 130, 137-8)、音楽家からの非難はMartin and Segrave (1988, pp. 46-47, 65)、宗教界からの非難はMartin and Segrave (1988, p.49, 177)、少年少女がロック音楽を「遊び」として支持した動物学的理由についてはSmith (1978, p.12, 156) を参照のこと。

### 第八章　ゲットー文化の勝利と西洋文明の崩壊

第七章と同様にMartin and Segrave (1988) とKitahara (2003, Chapter 14) から引用源を知ることができる。フロイトとマルクーゼの意見についてはFreud (1946) とMarcuse (1966) をご覧いただきたい。

### あとがき

ソローキンの歴史社会学は現在では無視されているが文明を理解するにはSorokin (1937-41) を是非一読すべきである。

北原　惇（きたはら じゅん）

本名は北原順男（きたはら みちお）。

1937年生まれ。横浜出身。武蔵高校卒。1961年モンタナ大学（米国モンタナ州ミゾーラ市）卒（社会学と人類学の二専攻）。1968年ウプサラ大学（スウェーデン）修士課程修了（社会学専攻）。1971年ウプサラ大学博士課程修了（社会心理学専攻）。同年哲学博士号を受ける。メリーランド大学、ミシガン大学、サンフランシスコ大学、ニューヨーク州立大学（バッファロ）などでの教職、研究職を経て1997年までノーデンフェルト・インスティテュート（スウェーデン・イエテボリ市）所長。

マーキーズ・フーズフーその他海外約20のフーズフーに経歴収載。英語の著書は Children of the Sun （Macmillan, 1989）, The Tragedy of Evolution （Praeger, 1991）, The Entangled Civilization （University Press of America, 1995）, The African Revenge （Phoenix Archives, 2003） など。日本語の著書は『なぜ太平洋戦争になったのか』（TBSブリタニカ、2001）、『幼児化する日本人』（リベルタ出版、2005年）、『生き馬の目を抜く西洋文明』（実践社、2006年）。


ホームページURLはhttp://indimani.ifrance.com

ロック文化が西洋を滅ぼす—— 脳科学から見た文明論

2007年4月25日　　初版第1刷発行

著者 ——北原　惇
発行者——平田　勝
発行 ——花伝社
発売 ——共栄書房
〒101-0065 東京都千代田区西神田2-7-6 川合ビル
電話 03-3263-3813
FAX 03-3239-8272
E-mail kadensha@muf.biglobe.ne.jp
URL http://kadensha.net
振替 —— 00140-6-59661
装幀 —— 佐々木正見
カバー絵 —工藤六助
印刷・製本 —株式会社シナノ


ISBN978-4-7634-0492-3 C0036